Vendrás Conmigo

VENDRÁS CONMIGO

Evelio Traba

Ediciones Furtivas

Miami, invierno, 2020-2021

Ilustración de cubierta: **Acrílico sobre cartulina, de la serie Manchas, de Ileana Botalín Díaz, 2019**

Primera edición: Invierno 2020-2021

© Evelio Traba, 2021
© Sobre la presente edición
   Ediciones Furtivas, LLC, 2021
   1820-206 S. Treasure Dr.
   North Bay Village, FL 33141
   www.edicionesfurtivas.com

ISBN: 979-873-31-8366-4

Producción editorial: **Karime C. Bourzac**
Corrección de estilo: **Eliécer Almaguer**
Diseño de cubierta: **Ileana Botalín Díaz**
Diseño interior, corrección y diagramación: **Oreste Martín Solís Yero**

Bajo las sanciones establecidas por la legislación, están rigurosamente prohibidas, sin la autorización escrita del titular del copyright, la reproducción parcial o total de esta obra mediante cualquier procedimiento mecánico o electrónico, y la distribución de ejemplares mediante alquiler o préstamo público.

*A la memoria de quienes emprendieron la travesía
y no llegaron a su destino*

*Para Irma Ramírez y Alejandro Querejeta,
por el fuego del hogar*

*Por eso cuando oí que tu voz repetía
"Vendrás conmigo" —fue como si desataras
dolor, amor, la furia del vino encarcelado...*

PABLO NERUDA

Terminal de Carcelén, norte de Quito, 14 de junio/2015

11:53 p. m.

Lo duro es el llanto de Eli, que ahora mismo hace un gesto de adiós con la mano en lo que entro al bus. «Estás a tiempo de no cometer el error de tu vida», me advirtió llorosa no hace tres minutos. Camino por el pasillo buscando a Indira. «¿Qué haces?», pregunto. «Le escribo a mi amiga Zoe, para que sepa que ya vamos a coger carretera», responde moviendo los pulgares a gran velocidad, como si ocultara algo. Nunca la he visto siquiera llamar a Zoe, todo es a través del Gmail. Es raro que no use WhatsApp. ¿Existirá la tal Zoe, o se trata de un invento de Indira para continuar viaje sin demasiadas preguntas incómodas? No sé, prefiero cerrar los ojos, entregarme a los bálsamos venenosos de la confianza. «¿Se te quitó el asco?». «Sí, me alivió el limón», murmura con cierto desgano.

Me siento y descorro el vidrio a mi costado. Mi hermana Eli y su novia Dailín están paradas de puntillas, intentando verme a toda costa. Algo me dice que este puede ser el principio de una catástrofe y pese a ello insisto en desobedecer. Indira ha cerrado el teléfono y sigue absorta, con ese hermetismo que solo tienen los santos y unos pocos, grandísimos hijos de puta. El bus cierra la puerta y comienza a dar marcha atrás. Tengo un nudo en la garganta. Intento desatarlo con este adiós manual dibujado como para envenenar la memoria. Los que llevan nuestro mismo destino me miran de soslayo, como a un predicador del desierto. El bus por fin sale del andén y ya entra en la Galo Plaza. El chofer apaga la luz y acelera hasta entroncar con la Panamericana Norte.

12:01 marca en rojo la pantalla. Indira reclina el asiento. «Quiero dormir un poco, estoy hecha pasta de gato», dice. Me da un beso corto y se vira hacia el pasillo. En breve, las luces de Carcelén serán ya cosa del pasado, como lo serán las de Calderón y las de todo trecho futuro.

Abro mi IPhone y pulso YouTube. Al menos hasta Tulcán me servirán los datos de Movistar.

El universo entero se me incrusta en los tímpanos.

Night (Lørean Flip) 53113 reproducciones, 889 *likes* y 62 comentarios, lo mismo en inglés, ruso o italiano. Indira lanza su primer ronquido. Su respiración tibia esparce el vaho cítrico contenido en sus uñas. Está a punto de rodársele el limón de la mano y yo lo pongo en la redecilla del asiento de enfrente.

Me conecto los audífonos y cierro los ojos. Solo existe ese piano con golpes de bajo, las ráfagas de electroacústica con fondo como de esmeril y decenas de latas que se aplastan.

La Panamericana Norte se va por la cloaca de ambos retrovisores.

Apágate, conciencia.

Apágate con ese murmullo de arena que ceba el interior de los relojes.

Tulcán, casi frontera Ecuador-Colombia, 15 de junio/2015

7:03 a. m.

Tengo el cuello torcido, pero cierto es que dormí modo piedra. Supongo que debo haber roncado, pero solo me queda la turbia memoria de un interludio carrasposo. Atrás quedaron Cayambe, Otavalo, Cotacachi, Ibarra, San Gabriel y otros poblachos disueltos por el polvo. El vocerío de los boleteros que anuncian destinos despierta a Indira. Tiene más legañas que grasa una gallina de ceba. Me mira y sonríe. Saca un peine de la cartera, y un tubo de Colgate Triple Acción. Se recoge el pelo con una felpa cuyo color me disgusta. Con el índice y el pulgar se revuelve las legañas y suspira. Me pide la botella de agua que puse en la redecilla del asiento de enfrente. Se da un trago. Amaga una gárgara y hace un gesto de leve repulsión. Exprime una porción de Colgate sobre el índice y me brinda el tubo de dentífrico.

El cuerpo me pide un trago de café recién colado. Me reprimo el deseo. El resto de pasajeros va desperezándose también. A muy pocos veo combatir el fermento de sus bocas trasnochadas. El coyote, un compatriota que aparenta unos cincuenta bien llevados, va en los primeros asientos. Se pone en pie como intentando localizarnos a simple vista. Nos hace a todos una seña para indicar que nos espera abajo cuanto antes. «Me reviento de las ganas de mear», dice Indira.

Hago un conteo rápido y a simple vista estamos los mismos que salimos de Quito. «No digan una palabra, muérdanse la lengua antes de hablar, síganme, es todo lo que tienen que hacer por ahora», nos ordena el coyote. Tiene acento occidental, un acento que, por lo pedante, parece recién adquirido. Indira regresa del baño con otras dos mujeres. Una de ellas no está nada mal, pero Indira la aventaja en cuanto a buen culo y tetas. «¡Qué alivio!», me dice subiéndose el *jeans* con un rápido y diestro remeneo. Los otros tipos la miran de reojo. Para sus treinta y siete sigue siendo un tronco de hembra. «No caminen en grupo exactamente, pero tampoco se pierdan de vista», nos dice Manuel, si es que ese es el verdadero nombre del coyote. «Vamos, andando, vuelve a recalcar».

Salimos de la terminal y afuera arrecia el frío. El tal Manuel se detiene, saca el celular y llama a alguien. Ese alguien le contesta y todo parece indicar que hasta aquí las cosas van bien. O al menos eso pintan tras los 1000 duros que le pagamos por persona en Quito para llevarnos hasta Medellín. En 10 minutos nos recogen, «todo en orden», nos dice en lo que prende un cigarro. Alguien pregunta si da tiempo a comer algo por los alrededores. «No creo», apunta el coyote mirando su reloj de pulsera. Indira me toma de la mano. Me da un leve apretón en cada dedo. Ahora me abraza y recuesta la cabeza en mi pecho. Tráfico y más tráfico alrededor nuestro. Busetas escolares, motos, gente y más gente queriendo llegar a sus destinos. Todos nos miran, o al menos eso nos hace creer nuestra paranoia. Imposible ocultar que estamos de paso y que tal vez vamos para un lugar muy, muy lejano.

Medio Tulcán tiene los ojos puestos en nuestras indumentarias. El cigarro de Manuel va por la mitad. Indira se antoja y le pide uno. Manuel va a sacarlo, pero en el acto dice: «Ya no hay tiempo», y lanza el suyo al bordillo. Tiene un aire de actor de la vieja escuela: Jack Nicholson, no me cabe la menor duda. Una Volkswagen de los ochenta se detiene frente a nosotros y baja un cuarentón exageradamente flaco. Saluda al coyote y al resto del grupo con un gesto de cabeza. Parece ecuatoriano, tiene acento de algún lugar del sur que no alcanzo a definir del todo. El coyote lanza una mirada, fulminante como un tarrayazo que nos atrapa a todos: «Arriba, que para luego es tarde». La furgoneta es algo incómoda y ruidosa, pero se supone que en ella debemos cruzar la frontera con Colombia, el puente de Rumichaca donde comienzan las calles de Ipiales. Tulcán tiene la somnolencia de los pequeños pueblos en las calles secundarias, que son las que prefiere el chofer. Indira recuesta la cabeza en mi hombro. «¿No se te parece este Manuel a Jack Nicholson?», le pregunto casi en un susurro. «Tú y tus analogías; tal vez, puede ser, solo que Jack Nicholson es Jack Nicholson y este tipo es un recogeleche de barrio», responde Indira en lo que se destuerce el cuello. «Avísame cuando estemos cerca del cruce», me dice con una leve ronquera. Yo asiento dándole en la frente un beso demasiado tierno para la tensión del momento. Callejuelas y más callejuelas. La Volkswagen ochentera trastabilla, da recurvas y sube pendientes que casi la ahogan.

Alguien podría seguirnos por el rastro de humo.

Carretera Ipiales-Pasto, Colombia, 15 de junio/2015

11:27 a. m.

Pongo a reproducir completo el *soundtrack* de *Game of Throns*. Perdida la señal de Ecuador, solo me queda lo que hace una semana guardé en la tarjeta SD para escuchar durante el camino. Me pongo los audífonos tratando de ajustarlos a mi molde auricular. El complot de chelos ayuda al paisaje a retroceder. Tengo la vana y momentánea sensación de lo trascendental en lo que el flaco cadavérico hunde el acelerador. Indira pregunta a Manuel cuánto falta para llegar a Pasto. «Media horita», se adelanta el flaco que parece un sobreviviente de Auschwitz. Manuel prende otro cigarro, consulta el reloj de pulsera y saca el codo por la ventanilla. El reproductor marca *Light of the Seven*. Reparo en que justamente somos siete. El paisaje se incorpora al pasado con menos violencia a pesar de que el flaco aprovecha una recta para humillar aún más el acelerador. Dios retoca el paisaje a pincel. El sol es tímido como un adolescente con demasiado acné.

Una voz femenina comienza a lamentarse y otras tantas le hacen coro. El chelo arrecia en contrapunteo con el órgano. Vuelve a mí la vana y momentánea sensación de lo trascendental. Hasta los más pendejos nos sentimos héroes con un *soundtrack* así. Indira ha empezado a jugar Angry Birds. Trago un buche de saliva y con la punta de la lengua paso revista a cada uno de mis dientes. Advierto una pátina de suciedad en todos ellos y me resigno. Miro las chapas de los carros que nos adelantan en esta recta y pienso en las historias de a bordo, en el paradero final de cada uno de ellos: garajes, patios tuerca, deshuesaderos, fondo de precipicios. Entre todos los vicios malsanos, conjeturar se lleva el primer puesto.

Manuel ha vuelto a prender otro cigarro. El aire le despedaza la ceniza incipiente. Indira acaba de ganar su tercer nivel de Angry Birds. Me mira orgullosa como si hubiese destruido una escuadra de la Luftwaffe. Nadie abre el pico. Solo se miran entre sí. Se reacomodan y bostezan. Ahora percibo que casi todos despedimos un vaho a sudor ferroso a pesar de la temperatura fresca. Tal vez sean los nervios, tal vez mi patológico afán de hiperpulcritud. Oigo *My Wacht has Ended* en lo que la furgoneta hace una parada de obligación. Al más joven de los muchachos, que lo llaman por Schofield, le han entrado ganas de cagar. Implora al flaco que pare, que de lo contrario se embolsa. «¡Cinco minutos!», vocifera el coyote. No quisiera estar en su pellejo. Debe ser horrible cagar por un cronómetro. El coyote ríe con malicia en lo que mira a un yerbazal cercano.

Dios sigue retocando el paisaje.

Acaba de cambiar el pincel por la espátula.

El óleo está fresco. Las nubes se dejan atrapar.

Universidad de las Américas, Quito, 13 de febrero/2015

11:53 a. m.

Hago bien en esquivar a quienes hasta ayer fueron mis colegas. Así evito las palmaditas en el hombro, los gestos de conmiseración que tanto odio. Todo el mundo sabe que acaban de darme una patada en el culo.

Me pongo los audífonos y Ludovico Einaudi me anestesia. Me hace bien ese piano con golpes de bajo, las ráfagas de electroacústica con fondo como de esmeril y decenas de latas que se aplastan.

El universo entero se me incrusta en los tímpanos.

Night (Lørean Flip) 52927 reproducciones, 692 *likes* y 28 comentarios, lo mismo en inglés, ruso o italiano.

No suelo fijarme en estas pendejadas, pero ahora, mientras camino sin mirar al frente, esas cifras que nadie advierte me resguardan momentáneamente del derrumbe.

Algunos de mis exalumnos me saludan con la mano y una sonrisa. Me quito los audífonos y pauso el *soundtrack*: «Sí, sí, ya nos veremos el próximo semestre», me atrevo a mentirles. «Bueno, yo busco en las listas de profes para tomar Redacción con usted», me dice una estudiante intentando descifrar qué ocurre en el traspatio de mis palabras.

La verdad está sobrevalorada.

Mentir evita todos los contratiempos que imponen las explicaciones inútiles. Me despido deseándoles unas felices vacaciones intersemestrales. Vuelvo a conectarme los audífonos y sigo a paso lento entre el Bloque 1 y la Cafetería.

Night (Lørean Flip) 52929 reproducciones, 693 *likes*.

Alguien, en alguna parte de este mundo gloriosamente intestinal, acaba de reproducir el mismo *soundtrack* que yo.

Me detengo a mirar a dos técnicos de Soporte que pasan delante de mí con la torre y el monitor de lo que fuera mi máquina de escritorio.

Los reconozco por el 256/E8.

Números, siempre números. Ya que no puedo elaborar nada ingenioso sobre los inventarios, mejor me quedo en blanco. Mejor dejo que los técnicos sigan su camino sin añadirles ni quitarles nada. Son como dos bomberos soñados por Bradbury en un leve ronquido de siesta. Se verían mejor con sus cascos del 451 y uniforme de la salamandra naranja, pero así están perfectos. Recaigo en que solo me acompañan dos dólares en moneda. Me acerco al cajero y pienso que es la última vez que posiblemente saque dinero en Campus Queri. Me doy cuenta de que esta nostalgia precursora, como todo lo inútil, es también ridícula.

En el cajero, a punto de sacar lo suyo, encuentro a N, una de esas excolegas cuyo encuentro se agradece. Solo estamos ella y yo frente al cajero del Pichincha. Me da un abrazo de amiga, de esos abrazos en que se arquean los senos hacia atrás como un acto de contención elemental. Se separa de mí sorprendida, como quien olvidaba un recado y lo recuerda de golpe.

«Anda buscándote una muchacha que al parecer es compatriota tuya», me dice N con su acento canario más suave que de costumbre.

«¿Qué pinta tiene?», pregunto intrigado. «Blanca, alta, pelo castaño, ojos claros, lleva un suéter deportivo color aceituna y un *jeans* desteñido. Me dijo que se llama Yadira, Zamira o algo así».

«¿Quién mierda será?», cuestiono intentando hacer memoria. «Seguro alguna "amiga" de quien ya no te acuerdas», observa socarrona N. «¿Qué tiempo hará que la viste?». «Unos veinte minutos», N mira la hora en la pantalla de su Casio y cambia de tema. «¿Por qué no te das una vuelta por la facultad de Periodismo o Cine? A lo mejor hay algo para ti, o si no en un colegio. De todas formas, yo voy a estar averiguando con mis contactos y si sale algo te paso un WhatsApp, ¿vale?». «Vale», le doy un beso en la mejilla a N, que entra a la Cafetería seguramente por un *cappuccino* bien cargado de canela.

Distraído por causa de la intriga, una joven se me ha adelantado en el cajero. Se enfurece porque la ranura le ha trabado la tarjeta. Da unas pataditas de impaciencia que le resaltan aún más la firme gelatina del culo perfectamente proporcionado. Lejos de impacientarme celebro su demora. Le da un tirón a la tarjeta y la destraba de golpe arruinándome esta contemplación casi mística. Se va y sigo mirándola con el rabillo del ojo, cuidando aún las formas a pesar de que acaban de despedirme. Entro la tarjeta en la ranura, con cierto recelo de que me suceda lo mismo. Digito mi clave. Elijo sacar 100 dólares y luego la impresión del comprobante.

Saldo de cuenta: 2114.48.

Extraigo la tarjeta sin el menor contratiempo. Mientras me guardo el dinero en el bolsillo interior de la chaqueta, recaigo en que esta cantidad, más el pago de la liquidación en quince días, me alcanzará para vivir unos tres meses sin estrés, atendiendo solo las cosas del restaurante, sin más presiones que las necesarias, invertir incluso algún dinerito. Una mediana austeridad me permitirá terminar el último capítulo de la novela, corregir, guardar por un tiempo, y luego enviar a concursos. En un medio giro advierto detrás de mis espaldas a la ninfa del culo dictatorial. Pero esta vez ha regresado acompañada. Por la cara de cancerbero parece ser el novio. Al marcharme oigo la voz electrónica del cajero que les da la bienvenida.

Doblo la cabeza sobre la pantalla de mi IPhone y veo que la reproducción de *Night* se ha extendido hasta el minuto 33:17. Con la yema del índice llevo la línea roja hasta el minuto cero. Otra vez el piano con fondo de bajo, la electroacústica de un esmeril y un chasquido sordo de latas que se aplastan.

«Alejandro Manuel», la voz me sobrecoge. Solo dos personas me llaman así: mi madre e Indira López, *Lou*. Levanto la cabeza y es Indira López. Tal y como me la describió N. Lou diez años después, dominatrix del tiempo, sonriéndome con sus labios calibrados para matar.

«¿No vas a decir nada, reverendo hijueputa?», me pregunta con el rostro enmarcado por una sonrisa y las manos en jarra en la cintura. Suspiro hondo y sonrío. Ambas manos me cubren la boca y la nariz. Estoy en franca parálisis, como si me hubieran encementado los pies. No sé si abrazarla, cargarla en peso o dejarla plantada. «Tú aquí», digo sin bajar las manos. Percibo el tono imbécil de mi propia voz. «Deja el drama para mí que soy actriz y ven, dame un abrazo, no seas maricón», me dice con los ojos semicerrados y un leve meneo de cabeza.

La abrazo y cierro los ojos para no ver las caras de los curiosos que pasan como por un set de filmación. Casi diez años después sus impúdicas tetas vuelven a oprimir mi tórax. Dura el abrazo. Respiro su aroma de jazmín. Una fragancia de puta a la que no opongo resistencia. Me aprieta fuerte y ahora comprendo que no es Indira López quien me restriega sus kardashiánicas tetas, sino Lou Andreas Salomé abduciendo a un Nietzsche, un Paul Rée, un Rilke o un Freud. En su abrazo soy todos ellos, claro está, no por genio. Pero digamos que la estupidez amatoria allana cualquier diferencia.

«Tengo tanto que contarte», dice deshecha en un largo suspiro. Me acaricia la barba naciente con el dorso de su mano izquierda. Yo le retiro la mano, al tiempo que admito algo indeciso en mi gesto. «No seas sentimental y hablemos, pero no aquí, que ya voy de salida», le digo deteniéndome en los arabescos verde claros que conforman la parte concéntrica de su pupila derecha. Varias veces, a lo largo de diez años, con cierto aire patético, me pregunté por el color exacto de sus ojos. Ahora los tengo delante y no puedo descifrarlo. *Porque en tus ojos están mis alas/y está la orilla donde me ahogo*, tarareo mentalmente esta letra sin que llegue a percibirlo.

Le beso la mano y mientras pienso en la canción de Carlos Varela, en secreto, pido a Dios que sea un sueño, que haya, por amargo que sea, un despertar.

Restaurant Don David, Quito, 13 de febrero/2015

1:13 p.m.

«Me encantó que no dijeras una puta palabra en todo el camino, que no preguntaras qué hago aquí, cómo vine o cosas por el estilo», me dice en lo que me oprime suavemente el pulgar derecho y con la otra mano libre se saca el pelo embutido en el suéter. «¿Acaso no dijo Exupéry que la palabra es fuente de malentendido?», pregunto con más miedo de parecer pedante que ingenioso. Ella no responde. Mira la decoración del restaurant. El dueño (un tipo blanco, no muy alto y con la calvicie disimulada por una toca blanca de pliegues, da instrucciones al cocinero, un mulato que parece ser de Regla o Centro Habana) me conoce de otras ocasiones, levanta el pulgar, tal vez indicando con el gesto que falta poco para que esté nuestro pedido: congrí, tostones, lomo ahumado, ensalada de tomate y lechuga, flan de leche como postre.

Han puesto Descemer Bueno. *Quisiera volver.*

O estos cabrones son magos descifrando lo que necesitan sus clientes, o se les dan muy bien estas carambolas. Indira evita mirarme a los ojos. No sé si se inventa demasiado bien la culpa o si esa culpa es real y yo como observador soy un completo fracaso. «¿Qué es de tus padres?, aunque vivimos en la misma aldea, hace tiempo que no los veo», culmina arrugando el ceño. «Ahí van, luchando con la vida y su negocito de alquilar cuartos de placer, creo que, en realidad, viven mejor que yo», confieso con cierto aire resignado. «No me asombra que les vaya bien; en Cuba la gente puede estar muriéndose de hambre, pero singar es prioridad, me dice en lo que alarga el rostro y se rasca el rabillo del ojo. «Parece un chiste lo que dices, pero allá las cosas son así: las hormonas dominan a los jugos gástricos, la gente singa mucho para sufrir menos». ¿Es cierto que trajiste a tu hermana Eli con su pareja?». «Sí, ahí están las dos, abriéndose paso, trabajando en el Cuban Paradise, un restaurantito que montamos hace un tiempo. No da para hacernos ricos, pero deja ver el futuro con un poco más de claridad», le resumo la situación en un afán de parecer sobrio, desapegado, un buen patrón de los negocios familiares. «Eso está muy bien, yo muy feliz por ti, que estás realizando, en la treintena, sueños que mucha gente se muere sin cumplir», dice Lou con una seriedad solemne, tan solemne que casi desentona.

«El Cuban Paradise es más o menos este mismo concepto», le digo señalando alrededor, «en una zona no tan exclusiva, un poco más modesto, pero al alcance de todos los bolsillos: vendemos desayunos y almuerzos los días de semana y pura comida criolla sábados y domingos. Al principio, mis propios alumnos fueron los primeros clientes, luego ha ido llegando más gente. Eli y Dailín tienen buena mano. Eli cocina y friega, Dailín sirve las mesas y cobra, yo me encargo de los suministros y una buena parte del papeleo. Nos levantamos todos los días a las cinco de la mañana para abrir a las seis y media, excepto los sábados, que nos levantamos a las ocho y media, como excepción de lujo. Ya tenemos clientes fijos que bajan a desayunar. De ahí atiendo a los proveedores que vienen cada diez días con arroz, azúcar, aceite, condimentos, especias, frutas y carne. Me ocupo de poner en orden lo que haga falta, hacer listas de pendientes, de ver en qué puede ir mejorando todo, en fin, que ya no soy aquel imbécil que tú conociste, que lo único que mal sabía era escribir y trasnochar con una horda de tipos tan o más imbéciles. Ahora, como me acaban de dar una patada en el culo, tengo un poco más de tiempo para el Cuban Paradise y para terminar de escribir una novela que es una auténtica locura. Lo que estoy pensando es coger la cocina una temporada para que Eli haga un alto y así vayamos rotando los tres. La verdad es que somos un buen equipo».

«¿Y esa nueva novela de qué va?», me pregunta Indira como queriendo desviar el tema de todo lo que sea intereses y negocios. «Es una ucronía, una historia alternativa donde Cervantes viene a América en 1591 y escribe el *Quijote* en Cartagena de Indias, un universo donde los portugueses se han apoderado del imperio español y tienen al mundo de entonces en jaque. Por eso te digo que se trata de una verdadera locura, la estoy disfrutando mucho, pasan cosas muy divertidas y trágicas a un mismo tiempo, se llama «Súbditos de Lisboa», o al menos ese es el mejor título que le he encontrado hasta el momento». «Tú estás más loco que el propio Quijote. Me han dicho que todavía sigues escribiendo a mano, como si estuvieras en pleno siglo diecinueve», señala en un tono entre sarcástico y elogioso. Apoya el mentón en la palma derecha y por primera vez se atreve a sostenerme la mirada. «Agradezco mucho tu consejo y ya veo que estás bien informada», intento disfrazar de ironía mi vulnerabilidad.

«Son cosas que han venido a mí sin buscarlas, habladurías de la gente que para bien o para mal no se olvida de ti, de lo que escribes», me dice a punto de retocarse el maquillaje que ha sacado de la cartera. «Tú eres un bicho», continúa, «en el fondo lo que buscas es que cuando seas un García Márquez, un Vargas Llosa o un Cortázar, puedas vender a una universidad gringa cien kilos de manuscritos y vivir de eso tú y tus nietos, aunque hayas pasado de moda y solo te lea la horda de anormales que siempre busca novedades en el polvo». «No cambias, mi querida Lou», le digo algo desconcertado. «Siempre me encantó que me llamaras Lou: eso me hace sentir una dama oscura», ensaya un breve rugido poniendo las manos en garra. «Lo eres, aunque no te lo diga». «Tírame al Benny, que ando retro hoy», dice el mulato que parece ser de Regla o Centro Habana.

La voz nasal del Benny hace que los Buicks echen a andar en la superficie muerta de los cuadros que muestran una Habana solo para turistas. El tema *Cómo fue* se expande con suavidad de puta memoriosa. Un bálsamo contra cualquier resentimiento del pasado. «¿Por dónde empezamos, a ver?», se pregunta Indira con el mentón apoyado sobre el puño derecho. Llega el mulato con la bandeja: congrí, tostones, los filetes y la ensalada. Pide permiso con una cortesía sujeta a entrenamiento y pone los platos. Indira lo escanea con un golpe de mirada perceptible apenas. Conozco esa mirada y los impulsos que hay detrás de ella. Ahora sabe que lo he advertido e insiste en mirar sin pudor. El mulato, que se sabe escaneado por esa blanquita impertinente, pregunta qué vamos a tomar. «La casa tiene Club, Pilsener y Havana Club». «Una copa de vino tinto estaría bien», responde Indira con la voz algo ronca. «¿Y usted, señor?, tenemos Casillero del Diablo, Conde de la Cruz, Viña del Mar, ...», sigue enumerando en tono simpático. «Conde de la Cruz», digo con la autoridad del cliente. «¿De qué parte de La Habana eres?», se interesa Indira sin ocultar la curiosidad. «De Luyanó», asiente el mulato, su mentón arrugado a lo Barack Obama. «¿Y ustedes?». «De Oriente», respondo con cierto dejo cortante que interpreta de inmediato. «Muy bien, paisanos, disfruten pues. Cualquier cosa estoy a la orden», el mulato se va con un gesto de amable resignación. «¿Qué, te cuadra ese niche?», sondeo a Indira en un tono de *open mind* del que en verdad soy completamente incapaz. «Yo estoy reformada, esos tiempos pasaron», dice en lo que corta en dos el filete. «Es solo curiosidad. No creo que estés celoso, porque en verdad tú y yo no tenemos nada. ¿O tú sigues teniendo algo conmigo y yo no me he enterado?». «No cambias», me resigno con un suspiro que simula demasiado bien mi estremecimiento. «Déjame cortarte la carne, como en los viejos tiempos», sin aguardar la respuesta levanta mi plato por encima del pequeño florero. Sonrío con una estupidez bochornosa que no alcanza para devolverme la dignidad. La miro brevemente a los ojos en lo que ha troceado casi todo el filete y separado la masa del hueso que tiene forma de anillo. Me devuelve el plato y ambos empezamos a comer.

Innegable la delicia: el congrí en su punto, la carne aderezada con una pizca de pimienta, los tostones crujientes como pocos he probado. Indira cierra los ojos en lo que se limpia la boca con la servilleta. No exagera. Este restaurante no ha perdido un ápice de su *glamour*. El dueño se acerca con gesto amable. Ni una mancha de grasa en el uniforme ni el gorro. Destaca la doble D mayúscula bordada sobre el pectoral izquierdo. «¿Qué les parece nuestra sazón?», pregunta con cara de quien quiere oír de labios ajenos lo que cierta modestia le impide ponderar. «Delicioso, Maestro», reconoce Indira volviendo a cerrar los ojos. La secundo con una ligera inclinación de la cabeza. «Estamos a la orden, esta es su casa».

Omara y Descemer cantan *Ciego amor*. Indira come con cierta ansiedad mal disimulada. Tararea la canción con la boca llena y se mueve a los lados como si estuviese en un concierto privado. Yo imagino la argamasa envuelta en saliva, bajando por su esófago. «No sabía que extrañaba tanto el capitalismo», dice como desvaneciéndose en su propio suspiro. «El capitalismo está en candela, hay que doblar el lomo como un buey, no te pienses que es mear y sacudir». «En candela está aquello allá. Tú porque ya te desconectaste y vives como te da la gana». «Bueno, entonces brindemos por este reencuentro, y por los viejos tiempos», añado con ínfulas de caballero. «Brindemos por nosotros y mandemos a singar al resto», propone Indira alzando la copa de vino tinto. Hacemos chinchín y nos damos el primer trago. Me fijo en cómo deja labial y grasa en el borde de la copa. Se le ha empezado a caer el esmalte de las uñas. Entre todas sus pulsas trae aquella que le regalé hace casi diez años. Se da cuenta que me he detenido en la pulsa, remueve la mano y hace sonar el manojo de cintillos. «Todavía la conservo, viste, no soy tan perra como parezco». «Tú eres una versión controversial de la bondad, pero nadie ha dicho que seas mala», digo en un intento misericordioso de parecer conciliador. Me hace una mueca y sigue entregada al festín de la carne, los tostones y el congrí. Acaba de entrar una pareja de ecuatorianos. Se han sentado a una prudencial distancia de nosotros. Ahora suena Aretha Franklin. El *jazz* se expande.

El mulato de Luyanó ha salido a atender a la pareja de ecuatorianos y esta vez devora con los ojos a Indira. Ella finge ignorarlo. No por mí. Juega con los hombres por vicio. Con las mujeres también, pero debo admitir que es más refinada frente a ese tablero. Intenta disimular un amago de eructo y luego comienza a reírse sin control. La pareja de ecuatorianos nos mira creyendo tal vez que Indira se ríe de ellos. Indira se da un trago de vino y logra aplacar la risa. Sigue el *jazz*, pero ahora estoy seguro de que es Ella Fitzgerals. Indira ha terminado. Yo estoy por hacerlo. «De aquí vámonos a un bar, yo invito», me dice Indira, ¿o es Lou quien habla? Pido la cuenta mientras los viejos Buicks siguen dándose cruce en la superficie muerta del póster de La Habana.

Cercanías de Pasto, sur de Colombia, 15 de junio/2015

12:12 p.m.

Avistamos a pocos metros el primer retén que decide parar la furgoneta. Otros nos dejaron seguir sin reparar siquiera en nosotros. Una cosa es ver tiburones en un documental de National Geographic, y otra muy distinta ver el escualo en 3D, las aletas que pasan aserrando un listón de agua demasiado cerca de uno. «Que nadie abra el pico ni para decir media palabra», vocifera el coyote. «Calladitos se ven más bonitos», lo apoya el flaco cadavérico al que ahora le noto un acento marcadamente lojano. Nadie puede detener la máquina de los sucesos para tomarle la medida a uno de sus engranajes. Los uniformes se van haciendo cada vez más reales. La mano que por fin detiene la furgoneta es definitivamente una mano.

Debo admitir que el oficial se da un leve aire a mi padre, solo que unos años más joven. «¿De dónde vienen los señores?», pregunta luego de un saludo parco en lo que sus soldados echan un vistazo indagatorio a la furgoneta. «Tulcán, Ecuador», responde un poco nervioso el flaco superviviente de Auschwitz. «¿Y a dónde se dirigen?». «Pasto», contesta el flaco con una leve carraspera. «¿Para hacer qué en Pasto?», prosigue el teniente Restrepo (leo su apellido bordado en el uniforme). «Para un retiro espiritual, somos miembros de una iglesia evangelista». «¿Qué Iglesia?», gruñe el teniente Restrepo. «Sálvanos Cristo», añade el flaco casi en tono de invocación. El teniente Restrepo y sus soldados se echan a reír. «Qué creativos se me han puesto estos hermanos güevones pues», dice el teniente Restrepo al punto que se ajusta la gorra.

«¡Documentos y todos abajo!», ordena el teniente Restrepo con aire decididamente marcial. Nos miramos entre todos, solo entornando los ojos, sin mover la cabeza ni mucho menos hablar. Sacamos los pasaportes y cada quien va bajando listo para soltar la plata que nos pidan. Ya estábamos avisados, desde Quito, de que algo así podría suceder en cualquier momento. «Ya pueden hablar hijoeputas, que ahora sí sabemos para dónde van realmente», acota el soldado Ramírez mientras recoge los pasaportes. «Revísenlos y cerciórense de que estén limpios», ordena el teniente Restrepo al tiempo que recorre la furgoneta de un extremo a otro. Le da una patada a la última goma. «Andan medio bajos estos hermanos güevones, ¡arriba, me pegan las caras contra el vidrio, piernas abiertas y manos a la cabeza!», culmina ensimismado el teniente Restrepo, mientras se pasea de un lado al otro con aire de carcelero insomne.

Dos manos me inspeccionan. Manos novatas, con el tacto temeroso de que alguien les descubra alguna fisura en la hombría, y esto hace que, al menos en mi caso, la revisión sea torpe y superficial. A mi lado Indira voltea la cara, enarcando las cejas en señal de malestar extremo. «Ya te diste gusto, ¿no?», protesta contra el soldado en tono ácido, pero este no responde. «Así es como único puedes tocar a una hembra como yo, hijueputa, chupapinga, maricón», masculla Indira en lo que yo la miro y le guiño un ojo en señal de que sea inteligente y no complique su situación ni la del resto. Veo de reojo que el soldado le agarra una nalga con fuerza y la empuja aún más contra la ventanilla. «Mejores que usted las tengo yo de gratis, y babeadas, ¿me oyó mamacita?, esto es pura diversión, pura rutina como dice mi teniente», gruñe con rabia el soldado y después la suelta. Crispo los puños de la impotencia. Indira lo percibe y suelta un «Nooo» sin voz, como de cine mudo, meneando la cabeza en una sola dirección.

Oigo también quejarse a las otras dos mujeres de que las toquetean al descaro. El teniente Restrepo pide medio minuto de atención. «Ustedes nos colaboran como es y nosotros los dejamos seguir tranquilos, 50 verdes por cabeza y esto nunca sucedió», propone con un marcado acento paisa. Manuel se queja, protesta vociferando que él es ciudadano ecuatoriano y que va a denunciar este atropello. «Bueno, okey, nosotros los deportamos a todos para el caimancito y aquí no gana nadie, ¿cómo la ven?», dice el teniente Restrepo mostrando las palmas de las manos y haciendo una mueca de Rey Mono que le arruga el ceño. Uno de los nuestros, visiblemente intimidado, anima al resto a aflojar los 50 dólares con tal de que nos entreguen los pasaportes y podamos seguir sin contratiempos. Observo los ojos del teniente Restrepo. «¡Vuelves a sostenerme la mirada y te meto una bala en la cabeza, gonorrea!», me grita. «¿Entendido?», ladra el teniente Restrepo, cuya voz me intimida porque me parece que esta vez se ha convertido plenamente en mi padre. «Entendido, oficial», respondo con la vista fija en un plantón de yerba y apretando las mandíbulas. «La advertencia vale para todos, ¿okey?, aquí nadie le sostiene la mirada a un oficial colombiano, ¿estamos, partida de maricas?», vocifera el teniente Restrepo con la mano reposada en el mango de su pistola.

El soldado Ramírez empieza la cobranza. Billetes de 20, 10 y 5. Indira se los restriega en las manos y le tuerce los ojos. El soldado Ramírez sonríe. «No se me ponga brava, mamacita, relájese parcera», le zumba en tono de franco chantaje, complacido con los gajes de su oficio.

Una cosa es ver tiburones en un documental de National Geographic y otra muy distinta verles abrir las mandíbulas sanguinarias muy cerca de ti, demasiado cerca diría yo.

Pasto, sur de Colombia, 15 de junio/2015

1:47 p.m.

Esta casa tiene pinta de antiguo bayú. Demasiados cuartos con sus baños, exageradamente grandes el billar y la barra. Demasiado elocuentes los espejos, el confort de las camas. Debe haber sido un bayú con clase, o al menos eso me da por pensar. Hay hasta una victrola con una colección de discos de carbono. Tiene cara de funcionar todavía. Abro una ventana pequeña para que entre algún listón de luz meridiana. Me cercioro de haberle puesto el seguro a la puerta. Me quito las botas sin apenas desamarrarlas y me desplomo sobre el colchón. Llevo 1000 dólares ocultos en cada una de ellas. Por suerte, ni el teniente Restrepo ni sus secuaces dieron con el escondrijo. En buena hora lo diga. Me saco el *jeans* con los pies, hecho un brollo. Me rasco la seborrea de entre las verijas y la huelo igual que de costumbre, como midiendo el índice de suciedad corporal. No hablemos de otras zonas más infames. Indira se ha metido bajo la ducha y no cesa de maldecir por el efecto del agua fría. «¡Pinga, cojones!», es todo lo que le oigo gritar una y otra vez. El coyote nos advirtió al entrar que aquí no hay electricidad, que nos traerán el almuerzo y la comida en cacharras plásticas, que pasaremos la noche con velas, porque el dueño "olvidó" pagar la planilla de servicio, y eso no era algo que estuviese en sus manos resolver.

Afuera relumbra un sol oro 24. Me viro de costado en la cama y me empujo hacia adelante el coxis. La columna me cruje con un estrépito alarmante, pero no hay nada nuevo a lo que deba prestar más atención que la necesaria. Es demasiado el cansancio. Indira por fin ha dejado de quejarse y tiritar y solo se escucha el gagueo onomatopéyico del jabón en sus cavidades. Cierro los ojos y la veo venir hacia mí aquella mañana de febrero en Campus Queri. Los abro y estamos en el Don David, y luego en la barra del Chelsea, contándonos media vida. Me concentro en el blanco rugoso del techo y estamos de pronto en la Mitad del Mundo, el Teleférico, en la tarde bochornosa y alucinante del Lúmini, en las batallas sexuales que se dieron en aquella pocilga de Solórzano y Valdivieso. Suspiro y es Indira, Lou Andreas, con la toca y el delantal del Cuban Paradise, haciendo babear a los clientes como a los perros de Plávlov. Ahora ha cerrado la ducha y oigo cómo se le escurren las últimas gotas.

Hay menos de medio centímetro entre cagar y quitarse un cargo de conciencia. El broche de oro es un baño, aunque el agua la manden del mismo Polo Norte. Me enjabono con calma pues no sé cuándo vuelva a disfrutar de otro lujo como este. Me esperan posiblemente días y más días de costra y sudor fermentado. El champú anticaspa me deja una refrescante sensación de limpieza en el cuero cabelludo. Apenas siento las agujas de escarcha en la piel. Me enjuago cerciorándome de eliminar hasta el último resquicio de jabón, sobre todo en los repliegues del escroto. Cierro la llave y me siento otro. Es como si el cansancio se me hubiera desaparecido o pasmado muy sutilmente.

Me seco a ciegas y salgo en cueros.

Amago de erección, frío a pesar del sol de afuera.

Indira desnuda bajo la sábana. La delatan los pezones crispados. «Juguemos a lo que hubo aquí alguna vez, ven», me dice enroscándose el pelo húmedo en la diestra. «¿No estás cansada?», pregunto malicioso. «No», me responde casi con un amago de voz. «Ven», insiste con un hilillo de voz y da una leve palmadita sobre el colchón. Obedezco como el perro que ha reconocido la voz de su dueña. Reparo en los arabescos de verde claro que conforman la parte concéntrica de su pupila izquierda. Le aparto un mechón de pelo como quien desbarata un maleficio.

Pasto, sur de Colombia, 15 de junio/2015

8:58 p.m.

Manuel acaba de entrar con el flaco que es realmente un lojano y se llama Edison. Entran con un botellón de Cola de 3 litros y las comidas de todos nosotros en unas jabas de *nylon*. Dicen haberlas comprado en un chifa cercano. «A esto hay que meterle el diente ahora, que si se enfría es mejor echárselo a los perros», dice Manuel con su acento marcadamente habanero. Entre él y el lojano sacan las cacharras y las reparten. Cada quien alcanza una tarrina de corcho bronco, una servilleta y un tenedor plástico. Manuel pone al alcance de todos el botellón de 3 litros con 9 vasos desechables, unos dentro de otros. Un aire fuerte entra por la ventana del lateral derecho y casi apaga las cuatro velas. Me levanto y la cierro con pestillo. La mayoría se ve impaciente. «Calma CDR, que hay para todo el mundo», aclara Manuel intentando hacerse el simpático. «CDR, ¿qué es eso?», pregunta Edison desde su despiste ecuatoriano. «Mejor ni te enteres, tigre», acota Manuel con cierta sabrosura de solar que le suaviza momentáneamente la pedantería.

Sin que nadie lo haya organizado hemos hecho un ruedo en el suelo, al pie de las butacas que aún circundan el tubo de las «bailarinas». Cada quien está en lo suyo, en su sopa o su chaulafán. La mayoría trae en sus mochilas latas de atún o carne, panes tostados o dulces, pero bien sabemos que esto no es ni el principio, que vendrán días verdaderamente feroces y por eso apenas nadie toca lo que empacó en Ecuador. Edison y Manuel se hartan como dos puercos jíbaros. Odio a la gente que come haciendo todos esos ruidos porcinos, amagando en todo momento con un eructo, mascando la comida con un reburbujeo de saliva y aire. Indira deja una porción considerable de arroz y me la ofrece. «No quiero más, ya estoy harta y tengo hasta un poco de asco», me dice entre la lamentación y la ñoñería del ruego. Sé que alguno de este círculo daría la falange de un dedo por esas sobras que Indira me ofrece. Los camarones y los trocitos de carne deparan la sensación de una falsa opulencia. La Cola desata oficialmente los primeros gases. Unos voltean la cara o se llevan las manos a la boca. Para otros es sencillamente un complemento de su felicidad estomacal. Se me ha quebrado un pedacito de un empaste. Data de mis lejanos catorce o quince años. Ojalá y esa muela no me dé bateo en todo el viaje. Siento un leve escalofrío y un amago de punzada. Por ahora trataré de comer del lado derecho. Debe ser también el ajetreo de estos días llenos de acontecimientos. Manuel dice que el viaje a Popayán mañana será más peligroso y arriesgado que el de hoy entre Tulcán y esta ciudad. «Tengan el dinero a mano y no se atraviesen con los guardias en los retenes, que a partir de aquí es que se ponen majaderos y cabrones», agrega Manuel dándoselas de experto en el tema. Todo el mundo se sirve Cola. Uno de los hombres propone un brindis. «Que lleguemos sanos y salvos al País de los Malos», apuntala, de las mujeres, la que se ve más percudida y rural. «Salud», decimos a coro, con los vasos desechables, estúpidamente alzados. «Manuel, ¿y ese milagro que a usted no se le ha metido el loco de subir pal Yuma, siendo ciudadano ecuatoriano?», pregunta a nuestro coyote un muchacho que tiene tatuado el rostro de Wentworth Miller en el brazo derecho. Manuel se queda pensativo: «La verdad es que cada quien tiene su camino y su vida, y en mi caso, lo mío está en Ecuador, mis hijos son ecuatorianos, ya casi van a la universidad, mi mujer es ecuatoriana, y para rematar, ya tengo cincuenta y cuatro años, que no es edad para empezar ni de rey en ninguna parte; eso está bien para ustedes que son jóvenes, los que vamos en retroceso lo mejor que hacemos es buscarnos un sitio donde al menos tengamos techo y pan, así pienso yo ahora, no sé si mañana me entre el loco, porque así son las cosas de este mundo, hoy estamos aquí y mañana no se sabe».

Las velas van consumiéndose y la luz es un poco más agonizante que hace dos horas. Edison da las buenas noches. «Estoy hecho verga», dice con los ojos chinos del cansancio y cierra de un tirón la puerta de su cuarto. Indira quiebra el hielo. «¿Qué tal si nos presentamos para llamarnos al menos por nuestros nombres?», propone. Nos miramos convencidos de que Indira está en lo cierto. Puede que el grupo se fragmente en el camino y no todos lleguemos juntos, pues en este sendero de prófugos nadie tiene ventaja respecto a los demás. Miro las formas ondulantes de las caras que la luz de las velas deforma. Se hace el silencio.

Indira saca otra vez la hachuela y vuelve a herir el bloque compacto. «Bueno, yo soy Indira López, actriz y madre de un niño de dos años y medio. Este hombre que tengo a mi lado se llama Alejandro, y es mi novio. Hemos decidido, por muchas razones, hacer juntos este viaje. Aquí me tienen para lo que sea, lo digo de corazón». «Mi nombre es Lisbeth González, soy profesora de Música y tocaba el chelo en una orquesta de Camagüey. De allá soy. Ando en esto con mis primos y espero que todos lleguemos bien, rápido y sin demasiados contratiempos». «Pablo González, primo de acá», dice señalando a Lisbeth, «también de Camagüey, casado desde hace diez años y cristiano por convicción. Profesor de Ajedrez y aspirante a ajedrecista profesional. Amigo, y hombre a todas». «Javier Tejeda, mecánico, especialista en almendrones, también primo de este par de elementos», señala a Pablo y a Lisbeth. «Siempre viví en Ciego de Ávila, pero iba a Camagüey para las vacaciones. Estas malas compañías me han descarriado. Fanático de *Prision Break*, si me dicen Schofield, yo feliz». «Me llamo Karina Escalona, soy de Baracoa y me ha tocado hacer de todo un poco porque solo tengo un doce grado. Mi verdadera universidad ha sido la calle. Tuve que dejar a mi niña con mis padres. Se llama Carla y tiene cuatro años recién cumplidos, ella es mi fuerza para este viaje y la razón principal de mi vida». «A ver, por dónde empezamos, mi nombre es Luis Alberto Durán, soy de Cienfuegos. En Cuba —no me da pena decirlo— era técnico de Necrología, "picamuertos", para ser más claros. He visto de todo, pero aún tengo esperanzas. Lo mío es acomodar a mi madrecita, que tiene sesenta y seis años y no quiero que se me vaya sin disfrutar lo bueno. Eso es todo». «Como ya les dijo Indira me llamo Alejandro, Alejandro Castillo. Soy profesor de Literatura, y cuando la vida me lo permite, escribo. He publicado un par de libros, pero me considero un tipo normal. Lo mismo que los mueve a ustedes, me mueve a mí, por ahí van las cosas».

«¿Qué escribes?», me pregunta Lisbeth con un entusiasmo desmedido». «Novela principalmente», respondo parco. Indira se hace la *open mind,* pero en verdad me cela hasta de los maniquíes. «Entonces, tú eres el autor de *Una pasión colonial, ¿*no es cierto?» «Yo mismo, mira qué chiquitico es el mundo», reconozco en un fallido ejercicio de modestia. «Mi novio, que vive en Tampa, me la regaló durante su último viaje a Cuba. ¿Me crees si te digo que traigo el ejemplar en mi mochila, y que me parece fenomenal ahora que estoy empezando a leerla?», pregunta con un destello en los ojos. «Sí, te creo, pues una vez que se escribe algo, toda la magia restante es posible», digo mientras bebo la última escurridura de Cola. Indira me afloja un codazo apenas perceptible para el resto, pero no deja de mirar a Lisbeth, como sé yo que mira a otras mujeres cuando le atraen. «¿No sería mucho pedir que me hicieras una dedicatoria?», solicita Lisbeth con una voz intencionadamente de niña. «No, con mucho gusto, mañana en cuanto tengamos chance en alguna parada del camino, o tal vez antes de salir, le digo con aire servicial. «Me parece perfecto», responde sonriente, como si hubiese encontrado al amor de su vida y una barrera invisible le impidiera abrazarlo. Indira me da un leve apretón en el pulgar y sonríe algo maliciosa. «Yo también escribo, ahora mismo llevo un diario, de hecho, quiero un día poder contar la experiencia de este viaje y publicar tal vez una novela», revela Lisbeth con esa valentía ingenua que le he visto a tantos aficionados. «Lo que hay es que lanzarse y hacerlo, material para la escritura hay, y habrá», la aliento con un tono desenfadado. «Bueno, muy chévere eso de las presentaciones, los escritores y sus fans, pero mañana los estoy llamando a las cuatro en punto. A las cinco ya debemos estar en carretera. Si quieren quedarse haciendo vida social, problema de ustedes, yo cumplo con refrescarles lo que hay en cartelera», interviene Manuel. Pablo, Javier, Lisbeth, Karina y Luis Alberto dan las buenas noches y cada quien se va a dormir. Yo pienso ahora en Eli y Dailín, en lo solas que estarán en la casa de Víctor Mideros, en cómo se las estarán arreglando frente al Cuban Paradise. ¿Qué será de ellas? Probablemente algo bueno. ¿Qué será de mí? No quiero pecar de ingenuo, pero probablemente algo bueno también.

El exceso de apego daña más que el desamor. ¿Acaso no es cierto, Pessoa, este axioma que tú mismo debes haber esbozado bajo el disfraz de otras palabras?

Plaza Foch, Quito, 13 de febrero/2015

6:53 p.m.

«Me cuadra el vicio de esta ronda: putas, travestis, *dealers*, fumones, mendigos; es el único toque de modernidad que le veo a este país, o a lo poco que conozco de él», me dice Indira en lo que deambulamos por la Foch. Me acaba de entrar un WhatsApp. Un WhatsApp de mi hermana. Guardo el IPhone y vuelvo a mirar a Indira. Tiene un cigarro en los labios. No supe cómo ni cuándo lo prendió. Me mira con los ojos entrecerrados y el cigarrillo inclinado en los labios, como los villanos de las películas. Lo hace deliberadamente, queriendo parecer de veras «la mala» de esta película. «Diez años y eres el mismo comemierda», me observa y su aire risueño convierte el insulto en un gesto de ternura. «Lo peor de todo es que tienes razón: si no fuera el idiota de siempre te hubiera dejado plantada esta mañana en la universidad». «Mira, no acabemos mal el día, con lo bien que la estamos pasando, aún tenemos que hablar de unas cuantas cosas. Busquemos un bar que nos acomode, anda», me dice y lanza la colilla del cigarro a un cesto. Me echa los brazos al cuello. Cualquier intento por evadirla es inútil. Solo queda en torno a su nuca la prehistoria de un aroma a jazmín. Indira me aprieta. Aplasta sus tetas contra mi pecho, que agradece esa intimidad. «Tengo frío», me dice.

Entramos a un bar, el Chelsea. Se oyen los Beatles, *Hey Jude*. Indira me sugiere que nos quedemos en la barra. «Pero sería más cómodo una mesa de dos; mira, hay algunas vacías», digo tratando de persuadirla. «Prefiero la barra, acorta las distancias», Indira se encamina a las banquetas giratorias. Nos da la bienvenida el barman, un muchacho de unos veintipocos con aire de Daddy Yankee y acento chileno. No tarda en pasarnos la carta de los tragos. «Dos Jack Daniels a la roca», ordena Indira con ese tono de autoridad que los hombres, en vez de rechazar, saboreamos en secreto. «Nada de mojitos ni cubalibres, no más folclor», me advierte en tono de dulce amenaza. El barman nos pone los dos Jack Daniels y vuelve a desearnos una feliz estancia en el Chelsea.

Se da un trago y parece disfrutar la quemazón que le baja por la garganta. Ha comenzado a acariciarme la barba con el dorso de la mano. Sé que voy a creerme cualquier patraña. En todo este tiempo no he dejado de preguntarme con quién gime, qué desayuna, qué calles cruza, a cuántos hombres o mujeres mira con morbo, con cuáles canciones de cuna arrulla al hijo que ya sé que tiene y por el que aún no he querido preguntarle. En estos diez años no he hecho más que recabar noticias suyas.

No he hecho más que pinchar en Google: Indira López Álvarez, actriz. Todos|Imágenes|Videos|Noticias. Ahora la tengo frente a mí, sola, sin intermediarios, sin chismes de terceros. «Te ha envenenado la vida esa mujer». Tal vez mi madre tenga razón. «A ver, no me gustan las cronologías, pero debo empezar en orden: en el 2005 yo tenía veintisiete y tú veinticinco. Pero tú siempre fuiste más maduro que yo, eso es cierto. Como te acordarás, yo te pedí que termináramos porque había decidido quedarme en Alemania. Los dos convinimos en que las relaciones a distancia lo único que dejan de saldo es malentendidos y odio. Recuerdo que la última vez que nos vimos fue el día que me acompañaste a Inmigración a sacar el pasaporte azul, que era mi carta bajo la manga porque el rojo no me servía ni para limpiarme el culo en Europa. Okey, por ahí vamos bien, ¿no? Creo que era mediados de marzo, faltaban unos pocos días para tu cumpleaños». Yo asiento, remuevo el hielo, me doy un trago que me raspa el gaznate y que a la vez me corta un poco el frío. «No creas que no me rompió el corazón dejarte», dice mirándome directo a los ojos.

And I love her corre tan fluido como el relato de Indira, Lou Andreas, Mata Hari o todas las *femmes fatales* que fueron y las que serán. Acomodo el cuello a la mordida de esta vampiresa. Quiero posponer la objetividad, el vicio del análisis...

«Durante el intercambio de Alas, conocí en Hamburg a Hans Berg, ese jodido alemán que era actor y productor de un grupo de mimos que se llamaba Das Lächeln wurde umgekehrt (La Sonrisa Invertida). Nunca había hecho nada de mimo, pero tengo que admitir que Hans era un maestro. Además de eso, no te niego que tenía posiblemente la pinga mejor entrenada de Europa. Yo siempre he sido franca contigo; fui, por voluntad propia, su esclava, su alumna, y al menos en principio, su socia en el negocio de las presentaciones. ¿Puedes creer que su mujer y yo nos hicimos buenas amigas? Bueno, con ella supe lo que era realmente endurecer un clítoris, provocar un orgasmo nuclear, deleitarme en un cuerpo de mujer tanto como si fuera el de un hombre. Hans y Erika fueron para mí una verdadera escuela incluso antes de que terminara el intercambio con la Stiftung für das lateinamerikanische Theater. Y, por supuesto, como no hay secreto enterrado entre actores, pronto se regó que yo le daba duro a la tortilla, que apuntaba y banqueaba, ese tipo de cosas.

»Cuando Hans y Erika me gestionaron un contrato con la palanca de un duro de la fundación, reventó la envidia de casi todos los del grupo, incluso entre los que yo creí que eran amigos míos. Ellos regresaron a Cuba, pero yo me quedé, no como una desertora, sino con una visa renovable que me permitía trabajar por un año en Alemania. Gracias a Dios tenía mi pasaporte azul. Seguro que por esa época te dijeron de mí lo peor, y entiendo que hasta tú me hayas tirado a mierda, pero yo estaba dispuesta a todo con tal de saber qué podría hacer por mi futuro y el de mi familia. No obstante, mi mamá sufrió mucho en ese entonces. Mi hermana me dijo una vez, muy molesta, que a mi mamá lo que le había destapado el cáncer fueron los dolores de cabeza que yo le di, los chismes de los vecinos, si yo era puta, si le descargaba a la tortilla, de que si tenía sida, en fin, que hasta de las monjas hablan.

»En lo que cuchicheaba la gente, no es menos cierto que Hans, Erika y yo hicimos algo de dinero: nos presentamos en Lubeck, Rostock, Bremen, Hanover, Berlín, Leipzig, Dresde, Colonia, Múnich, y también pasamos por Viena, Praga, Luxemburgo, Bruselas, Amberes, Ámsterdam. No te vayas a pensar que en megateatros, sino en tugurios de fundaciones, hospitales oncológicos y orfanatos, que es lo máximo a que pueden aspirar artistas de quinta división, porque en todas partes el palanqueo y el soborno definen dónde y ante quiénes te presentas. La verdad es que probé de todo en esos diez meses.

»Como en algunas giras se atrasaban con los pagos hasta más de un mes, Hans nos dijo que había que hacer *otras cosas* para no desintegrar el grupo, por el bien de los tres. No eran *otras cosas*, era *otra cosa*, en singular: filmar porno para una productora de mediano formato que se movía entre Lubeck, Rostock y Bremen. Aunque al principio ofrecí resistencia, Erika me convenció de que aquella era una ocupación tan digna como cualquier otra, que todo lo que la gente tilda de asqueroso y repugnante, no es más que una construcción moral de burgueses hipócritas. Me metieron pingas de todos colores y tamaños, me convertí en una máquina de sacarle la leche a tipos que eran gladiadores del sexo, y que casi siempre se halaban un par de rayas para empezar la función. Creo que casi llegué a desnaturalizarme.

»A pesar de la sordidez en que vivíamos, Erika se enamoró de mí. Me propuso que nos fuéramos a vivir a París. Allí tenía un hermano que era copropietario de un salón de belleza. Yo no estaba enamorada de ella, pero en algo sí estábamos de acuerdo: teníamos que abandonar a Hans, que, en dos ocasiones, nos había bajado el puño sin razón alguna. Yo no sabía mucho alemán, pero sí sabía lo que era *dreckige Schlampe,* perra sucia. Hans nos tenía vigiladas todo el tiempo porque nos habíamos convertido para él en el mejor de los negocios: dinero fácil, sin burocracia, sin expedientes de pago que tardaban más de un mes en aprobarse, sin andar como gitanos implorando que nos dejasen presentarnos aquí o allá. Algo que yo no podía entender de Hans era cómo se comportaba de tierno con los niños de los orfanatos y los hospitales oncológicos, y cómo era capaz de hacernos algo así.

»La gran motivación de Erika para abandonar a Hans era el hecho de que se había enamorado de mí, con esa obsesión de las lesbianas que empiezan a envejecer y se aferran a cualquier jovencita que sepa estremecerlas. Bueno, aunque no te guste, tú tienes un caso cerca. Toda vez que estuvimos convencidas de que escapar era lo mejor, le aconsejé a Erika que trajésemos encima, a toda hora, las Eurocards y los pasaportes. Erika no me hizo mucho caso, pero yo sí me tomé en serio lo que se me había ocurrido en calidad de precaución. Durante una discusión, Erika cometió el error de decirle a Hans que nos íbamos y que él se quedaría sin otras perras que explotar. Hans le había dado una golpiza de la que yo me salvé porque me tocaba hacer el mercado de la semana, y porque, además, algo me libró de correr la misma suerte. Al acercarme a la puerta, oí los gritos, los golpes, los jarrones estrellados contra las paredes, y dejé los bolsos en el quicio y salí a ciegas a la calle, temblando de miedo, pero feliz de haber podido escabullirme de la zurra. Recuerdo que me toqué el bolsillo interior del abrigo y ahí estaba mi pasaporte.

»Como tenía el dinero que había ahorrado en una tarjeta que solo manejaba yo, compré un boleto de avión rumbo a Madrid, estaba harta de los alemanes y su mundo, acto seguido saqué 500 euros en efectivo en un cajero de los tantos que hay dentro del Hamburg Airport. En Madrid estaba Juan Carlos, antiguo novio de mi hermana Ana Lucía, un trompetista que ya llevaba varios años viviendo allí. Yo lo había contactado meses antes, pues irme de Alemania era algo que tenía previsto. Durante dos años Juan Carlos había sido mi cuñado y la verdad es que lo conocía bastante bien. Siempre le dije a mi hermana que pegarle los tarros había sido el error de su vida.

»Esperé por mi vuelo doce horas. Doce horas que estuve con el móvil apagado para que nadie pudiese rastrearme. En lo que despegaba aquel monstruo de Iberia, decidí no ponerme jamás en contacto con Erika o Hans ni por curiosidad, desconectarme por completo. Tuve la tentación de encender el teléfono y textear a Erika antes de que saliera el vuelo, pero no lo hice. Me entró un ataque de llanto al pensar seriamente en lo sola que estaba. Una de las azafatas me consoló como pudo. «Todo va a estar bien, todo va a estar bien», sabes que siempre he odiado esa frase, pero poca gente en mi vida me ha dicho algo tan oportuno y reconfortante.

»Después de dos horas y poco más de cuarenta minutos, el capitán anunció que estaríamos aterrizando en Barajas. Yo estaba un tanto más calmada porque había dormido algo, pero me sentía más vieja que Rosita Fornés. Al pasar el control de inmigración fue el lío. Al revisar mi pasaporte azul y ver que tenía una visa Schengen de Alemania, empezaron a interrogarme. A lo mejor pensaron que yo era una mula o algo así. Me llevaron para un cuarto. Les entregué el celular, los 500 euros en efectivo y la Eurocard, que eran las únicas cosas que tenía encima. Me pasaron por un escáner para ver si traía droga. Al darse cuenta que yo estaba más limpia que una recién nacida, me sacaron de allí. En otro cuarto me preguntaron qué había ido a hacer a Madrid y yo les dije que a visitar a mi novio. Una de las policías me miró como diciendo: "No te creo ni pío". Me preguntó que a dónde regresaba, que si a Cuba o a Alemania. "Alemania", respondí como quien hace ver lo evidente. "Regreso con mi novio a Hamburgo", dije mirándole a los ojos. Me recordó que mi visa Schengen se vencía en un par de meses. Me entregó el pasaporte de mala gana. Al salir de aquel cuarto no sabía hacia dónde iba.

»Supongo que toda aquella jodienda fue por el hecho de verme sola, sin bolso de mano siquiera, con toda la posible pinta de mula profesional. Me acerqué a un policía y le dije: "Señor, no sé cómo llegar a Madrid, estoy perdida". El policía, que tenía facha de un cuarentón padre de familia, me indicó que había dos formas: una, coger el metro hasta la estación de Atocha y la otra tomar un taxi. El metro me resultaba más barato, pero más engorroso. Así que decidí coger un taxi. Por suerte era una mujer quien manejaba. No hablamos mucho durante el trayecto, pero me pareció una persona amable. Eran ya sobre las seis de la tarde y yo me sentía destruida. El taxi me dejó frente a una tienda de celulares que quedaba en la misma mano del bar La Negra Tomasa, en calle Cádiz. Ahí compré un chip de Telefónica. Llamé varias veces al móvil de Juan Carlos, pero me daba apagado. Como La Negra Tomasa era la dirección que me había dado para localizarlo, decidí entrar y preguntar por él. Allí el cubaneo daba al pecho. Era como si hubiera entrado de pronto a La Bodeguita del Medio. Cuando le indiqué al barman que se llamaba Juan Carlos, mulato, de ojos verdes, y que tocaba la trompeta, reaccionó enseguida y me dijo: "Coño, si es el Juanca, espéralo, que ya debe estar al llegar, él toca de siete a diez con un combito que tiene espacio fijo aquí". Me senté en una mesa y pedí un café. Me puse a pensar musarañas y a mirar un reloj de pared. Como a la media hora me tocaron por detrás del hombro. Juan Carlos me había reconocido de golpe. Imagínate la alegría de verme con alguien cercano, en un país mucho más cálido que Alemania, pero a fin de cuentas extraño por más que a unos cuantos les parezca familiar. Allí, sentada en esa mesa, empezaba un nuevo momento de mi vida.

»El abrazo de Juan Carlos me abrió de golpe la pila del llanto. Los Orishas como música de fondo hacían más dramática la situación. La poca gente que había allí solo tenía ojos para ese abrazo. Yo no quería despegarme. Hasta que lo hice, secándome las lágrimas con una servilleta. El barman me dio agua y ahí fue cuando respiré a pulmón suelto. Juan Carlos lucía mucho más gordo de como lo había visto la última vez. Debajo de la bolchevique estaba literalmente calvo. Se veía mayor, maltratado, con una resaca de malas noches que le daban cierto aire de tísico recompuesto. «Tranquila, Indi, todo va a estar bien, no estás sola, todo va a estar bien», me dijo y se incorporó al resto de músicos y el bar empezó a calentarse en tiempo de salsa. Me sacó a bailar un madrileño cuarentón que había vivido más de seis años en La Habana. En cada paso, en cada voltereta, me iba despojando, al menos de forma momentánea, de un sufrimiento acumulado durante meses. La salsa es un buen purgante para sacar toda la mierda que llevas en el alma. No me gusta la palabra "alma", pero al final no dicen que hasta los asesinos y los violadores tienen la suya. De pronto no tenía hambre y todo el cansancio del día se me había pasmado. Pasaban las nueve de la noche. La Indira que daba vueltas como un trompo en Madrid no era la misma que había salido lloriqueando de Hamburgo. Esos son los giros de la vida, el valor de decir "no sigo en esta pinga y sanseacabó".

»A las once de la noche yo estaba ronca de tanto reírme, y con los pies hechos jamones de tanto magullar el piso. Sobre esa hora empezó a tocar otro grupo y Juan Carlos calló la trompeta. Nos sentamos en una mesa del fondo porque ahí el guayo y los timbales no sonaban tan estridentes. Juan Carlos pidió para él un congrí con ropa vieja y para mí una paella. Entre un bocado y otro, le conté a grandes rasgos cómo había sido mi vida en Alemania, pero al menos en ese momento no le conté de Hans y Erika, ni mucho menos que hasta había hecho porno en los suburbios de Hannover y Berlín. Eso se lo confié después, sin atropellar nada, con la misma franqueza que ahora estoy teniendo contigo. Entre una cosa y otra, salimos de La Negra Tomasa como a eso de las dos y pico. Juan Carlos pidió un taxi que nos llevó hasta un edificio de la Calle del León, cercana a la estación de Antón Martín. Allí rentaba un piso con otros músicos, tan felices y maltratados por la vida como él. A pesar del frío, me di un baño, y como quien no quiere las cosas, seguimos hablando hasta eso de las cinco. De su vida en Madrid, de lo duro que había sido todo para él en principio, de su relación con mi hermana, de las ganas que tenía de pisar Cuba luego de casi seis años, y de Marija, una novia que tenía en Liubliana, Eslovenia. Dormí en un sofá de la salita y cuando abrí los ojos habían pasado cinco años: todo lo bueno y lo malo, lo soñé en ese sofá, sucedió ahí en esas seis o siete horas que estuve durmiendo. Al menos así quiero creerlo, porque el mayor encanto de la ficción, cosa que tú sabes bien, es anestesiarlo a uno de la realidad, de lo que es vivir en caliente y a la vez todo a sangre fría.

Pasto, sur de Colombia, 16 de junio/2015

2:38:14-21 a. m.

Dos avestruces del tamaño de un caballo, pero con las caras de Indira y mi madre, se dan patadas y picotazos hasta sacarse sangre. Levantan una gran polvareda al punto que las gradas de esta plaza casi desaparecen. No sé cuál de ambas lleva ventaja en esta pelea, que de antemano sé inútil y a la vez una necesidad de la especie. Cargo la escopeta con otro dardo tranquilizante y también equivoco el tiro. Sueltan un toro de lidia y esto es lo único que las hace dispersarse. El toro viene hacia mí, pero yo no atino a disparar.

Cercanías de Popayán, Colombia, 16 de junio/2015

10:08 a. m.

De las tres mujeres, la única que llora sin alaridos es Indira. Lisbeth acaba de desmayarse en lo que dos soldados se le vienen en la cara y otro se retira de ella subiéndose el pantalón. Desdichadamente, Lisbeth tiene ahora material para su diario. Los soldados se pasan una botella de Antioqueño entre todos. Pablo reza casi llorando, y Javier se desgasta en vano: «¡Singaos, hijueputas, maricones, pendejos!».

El sargento a cargo se ha cerrado el pantalón, se quita el zambrán y arremete contra Pablo y Javier. Pablo no para de rezar y Javier de maldecir. Por transitividad yo siento los cintazos: me queman cada uno de los tirones que le dan a la soga común con que nos tienen amarrados al resto de los hombres. Después de esto, ¿seremos realmente hombres? El lojano ha ladeado la cara para no seguir mirando. Viene uno de los soldados y le da un puntapié en el tabique. Me salpica la sangre. «¡Que mires, marica, no puedes dejar de mirar!», le vocifera y luego lo escupe. Como estoy justo a su izquierda, alcanzo también una cuota del escupitajo. Tengo el pómulo derecho tan hinchado que casi se me cierra el ojo. Si al menos hubiese esquivado bien ese primer golpe no tendría ahora esta magulladura. Lisbeth ha comenzado a volver en sí en lo que a Karina la violan por partida doble: por el culo y la boca la envaran un par de soldados que no paran de reír. «¡Sí que están buenas estas perras!», grita uno al venirse en el rostro de Karina. El semen y las lágrimas se le hacen a Karina una sustancia grumosa e insoluble en las mejillas, como una pasta que no cuaja del todo.

El flaco comienza a llorar. «Llore, cucho, llore, que eso es bueno para la salud», le aconseja ecuánime el sargento en lo que se enrolla el zambrán en su mano izquierda. Prende un cigarro y se queda absorto, como si mirara un partido de fútbol donde su equipo lleva la delantera. Contempla alelado cómo Indira, con una pistola en la sien, se la mama a uno de sus subalternos. «¡Con pasión, perra, como en las películas!», ordena el soldado con una bofetada.

Después de esto ¿seremos realmente hombres? «¡Ya, ya, por lo que ustedes más quieran, por favor!», implora Lisbeth queriendo cubrirse los senos con los jirones de blusa que le han dejado. «¡Ahora te la vas a tragar toda, mamacita!», le dice el soldado a Indira en lo que empieza a masturbarse. El soldado se viene con la más gloriosa de todas las rabias y a Indira no le queda otro remedio que tragarse la leche que cae en su boca; resignada, obediente, sin alaridos ni dramatismo. El soldado escupe a Indira y se sube el pantalón. Se pone la pistola en el cinto y se aleja unos metros. Indira sigue arrodillada, impávida, con los ojos muy abiertos y una tos que no se sabe si es tos o es el llanto amordazado por la extrema impotencia. Tiene la cara birriosa por la mezcla de fango y semen.

El sargento lleva medio el cigarro. Hincha los pulmones y deja escapar un suave edredón de humo. Mira la escena en lo que a ciegas se pasa el zambrán por las trabillas del pantalón. «Hinojosa», alcanzo a leer sobre el pectoral. El rostro de este tipo se me acaba de incrustar en HD en la memoria. Hasta con ochenta años podría reconocerlo. Se acerca a Indira y la levanta por las axilas. Indira intenta abofetearlo y él saca su pistola. La rastrilla y se la aprieta contra la frente. «¡No te hagas matar, puta de mierda!», le dice pausado el sargento en lo que, con la izquierda, se quita el cigarro de los labios cuarteados y se lo apaga a Indira entre ambos senos. Indira no grita, no reacciona. Me recuerda por momentos a la Nereida de *Clandestinos*.

Si tuviera alguna utilidad mi muerte, yo al menos escupiría a este perro malnacido. El sargento Hinojosa se ajusta la gorra y se aleja de Indira. Lanza una mirada a sus hombres y ladea bruscamente la cabeza hacia el lateral derecho en señal de «vamos». El sargento Hinojosa tiene, sin duda, un lado Dr. Jekyll. Lo sé por la vaga incredulidad con que mira los descalabros de sus propios excesos. Imagino que debe ser de esos que tienen fotos familiares en sus taquillas de servicio, orgullo de papá, mamá, novia y abuelos. Uno de esos pilares de la patria que no tardará muchos años en llegar a general. Se da la vuelta hacia nosotros, como por curiosidad, y lo veo ya cuarentón, en traje de gala, ascendido, ejemplar.

Un soldado arrastra a Lisbeth y la empuja contra nosotros. Otro arrastra a Karina hasta dejarla en el ruedo. Un tercer soldado empuja a Indira hasta que cae justo encima de Edison. Soy el tipo más imbécil del hemisferio occidental. Me maldigo, me recontramaldigo y me recontrarremuerdo. Les dan tres vueltas con la misma soga, las aprietan bien para que demoren lo suficiente en zafarse. Cada una despide ahora el vaho repugnante a cloro que tiene el semen fresco. Para no pensar, me concentro en la botella de Antioqueño que han dejado con una escurridura al pie de un yerbajo. Indira tiene una estalactita de esperma pasmada en el mentón.

Estación Interprovincial de Popayán, Colombia,
17 de junio/2015

1:17 a. m.

Las voces de Eli y Dailín en mis oídos. Mi atolondramiento las prolonga como un eco de pesadilla. ¿Estaré haciendo lo correcto con esta huida de donde nunca se me persiguió? No lo sé. ¿Habré sonado convincente al decirles a Eli y Dailín que el viaje ha sido un éxito hasta aquí? Tal vez nunca les cuente el trance amargo que me ha correspondido. Hay confidencias que no las detiene la confianza, sino el bochorno de no haber podido cambiar a tiempo el curso de las cosas. ¿Cuántas versiones hay de este mismo hecho, dispersas en varias dimensiones del espacio? ¿Hay acaso un mundo donde el sargento Hinojosa y sus hombres nos dejaran seguir de largo? ¿De qué me sirve ahora la torpeza de tal especulación?

Conservé hasta hace poco la última esperanza. La esperanza de que realmente Edison y Manuel regresaran de la supuesta vuelta que fueron a hacer. Nadie sabe si formaba parte del plan, o si sencillamente los escandalizó el horror de lo que nos tocó vivir. A lo mejor, a esta hora, ya están del lado ecuatoriano. A Pablo, Javier, Luis Alberto y a mí, nos apena realmente mirar de frente a las mujeres, pero ellas mismas nos consuelan en la indigencia de nuestra hombría. «Ustedes no podían hacer nada», dijo Lisbeth en algún instante del camino. Ha comenzado a bajarme un poco la hinchazón del pómulo. Nos entregan los pasaportes y los tickets para el viaje Popayán–Pereira. Me detengo en la quemadura de cigarro que a Indira se le ha convertido ya en una ampolla. Indira lo percibe y se sube el *zipper* del abrigo mientras mira a los lados algo desorientada, pero sin perder la compostura anímica. Saca, de la mochila, un pliego de papel, doblado en muchas caras. En el exterior dice: Colombia, con mi letra, y en plumón negro. Es un mapa enorme hecho de varias hojas A4, unidas por cinta transparente. Cada hoja es una foto de Google Maps impresa a todo color. Ahora recuerdo la tarde lluviosa en que salió a imprimir ese y otros tantos mapas. Aún estoy ayudándole a cortar los pedazos de cinta para unir las hojas. Aún escribo en la carilla exterior de cada pliego: Panamá, Costa Rica, Nicaragua, Honduras, El Salvador, Guatemala, México, E. Unidos.

Indira alisa sobre sus piernas el pliego de color verde con escasas manchas marrón. Lisbeth, Karina, Luis Alberto, Pablo, Javier y yo estamos atentos al menor movimiento suyo. Señala Popayán: «Estamos aquí, mañana a esta hora estaremos acá», dice señalando Pereira. «Pasado mañana llegaremos a Medellín y allí localizaré a unos contactos que tengo anotados en una agenda», propone consultando la gestualidad de cada quien y con la expresión de sentirse al mando de la situación. «No se ahoguen en la orilla y pónganse los pantalones, todo es tan fácil como llegar; lo duro es el camino, pero hay que tener piernas, resistir, resistir, acuérdense de esa palabra que tan familiar nos viene siendo», habla en un susurro, como temerosa de que el sargento Hinojosa fuese a reaparecer con sus hombres en cualquier momento. «Guarda ya ese mataburro, que llamamos mucho la atención», aconseja Pablo. «Sí, perfil bajo», recomienda Javier. «Perfil bajo», repetimos Lisbeth y yo mirándonos con un gesto afirmativo, y tal vez de inconsciente atracción. ¿Cifrará Lisbeth esta mirada en su diario?

Ha comenzado a dolerme un poco la muela del empaste quebrado. No hay tiempo que perder: dos novalginas y un ibuprofeno. Lo único que me gusta de las pastillas es el sonido que hacen al sacarlas del blíster.

Cercanías de Medellín, Colombia, 18 de junio/2015

5:43 p.m.

Yann Tiersen me acompaña. *Good Bye, Lenin* se expande como una fuerza altiva y triste. Pauso el *soundtrack* y siento el rugido sereno del motor, el hipo momentáneo de los frenos al bajar una cuesta. Otra vez pulso el *soundtrack* y miro de reojo la ampolla circular en el pecho de Indira, que ahora se ha dormido. Le quito de las piernas la billetera. Me cercioro de que no hayan caído bajo los asientos delanteros las fotos del hijo y la madre difunta. Cruzo una mirada con ambos antes de guardarlos en el bolsillo interior de mi abrigo.

En el asiento de al lado, Pablo lee absorto una versión diminuta y antigua del Nuevo Testamento. «Era de mi abuela», dice advirtiendo mi curiosidad. A su izquierda, con la cabeza apoyada en la ventanilla, ronca Lisbeth. Frente a ellos, con los espaldares reclinados al límite, van Javier y Luis Alberto, sumidos en un letargo de proporciones polifémicas. Karina va al fondo. Volteo para mirarla, y me hace un gesto desganado con la mano. Entrecierra los ojos y ladea la cabeza a la izquierda. Pablo me mira y levanta las cejas. Reclina el asiento como quien busca dormir al menos un tramo. Pone el Nuevo Testamento sobre su pecho, bajo la leve opresión de sus manos entrelazadas. El piano de Yann Tiersen sale de su tristeza inicial para entrar a una falsa alegría de payasos que se agreden con porras de goma. Sin que medie mi voluntad de fabulación, se me vuelven figuras de cine mudo.

Arrecia la tristeza. Arrecia en una sobredosis apenas tolerable. Ya vamos entrando a Medellín. Cierro los ojos y es a mí a quien golpean los payasos de Yann Tiersen. Ya vamos entrando a la noche, más bien a su lenta prefiguración. Indira se ha vuelto hacia mí con los ojos hinchados y borrascosos. «Recuérdame comprar un chip apenas nos bajemos», me pide con la voz todavía pastosa por la modorra del sueño. Un vendedor de dulces se ha subido y comienza su pregón monótono en el pasillo. El bus da un frenazo. El Nuevo Testamento se ha zafado de las manos de Pablo y se desliza por el pasillo. El vendedor de dulces lo recoge y pregunta de quién es. Pablo no responde y solo se queda mirándole. Le hace una seña, fingiéndose afónico. El vendedor de dulces se traga el anzuelo y corre a entregárselo. Pablo le compra una barra de maní y una funda de suspiros. Paga en pesos colombianos y le indica con un gesto de la mano que se guarde el cambio.

El universo acaba de darme una lección maestra.

No sé en qué consiste, pero es una lección maestra.

Good night, Lenin.

Hotel Metrópolis, Medellín, Colombia,
19 de junio/2015

6.21 p.m.

Pablo y Luis Alberto juegan ajedrez en un tablero plegable. Juegan con cierto entusiasmo infantil que envidio. No sé por qué no me fío todavía de Luis Alberto, a veces hace demasiadas preguntas para mi gusto. ¿Será que me estoy volviendo excesivamente paranoide? Indira les pide que no hagan ruido. «Voy a hacer ahora una llamada importante para todos nosotros». Ellos detienen el juego con cara de tontos. Indira saca el celular y marca un número. Camina hacia la ventana, tal vez buscando mejor cobertura, pero siempre le gustaron las ventanas mientras hablaba por teléfono. «Buenas tardes, ¿tengo el gusto de hablar con La Tigra?», pregunta con voz dulce y a la vez firme. Al otro lado de la línea le han respondido al parecer afirmativamente. «Un placer, mi nombre es Indira López», añade tanteando el terreno. Todos vamos siguiendo el hilo de la conversación. «Sí, me la recomendaron a usted», Indira se queda en suspenso, como si la voz al otro lado le hubiese impedido terminar la frase. «El domingo a las cuatro, okey», dice y hace una pausa en la que nos mira a todos. «Somos siete, un grupo de siete. Anote ahí: Hotel Metrópolis, calle 71, entre 51 y 51A, número 5161, en frente hay otro hotel que se llama Los Coches, pregunte en carpeta por Indira, la cubana de la habitación 12». «¿Y qué bolá entonces?», pregunta Karina en lo que destapa un frasco de acetona. «A esta mujer me la recomendaron desde Cuba. Veamos, tenemos que esperar, hablaremos el domingo con ella, pues estas cosas no se tratan por teléfono. De momento, viendo la mierda que nos hicieron Manuel y el lojano, que según ellos tenían los contactos hasta México, es la única opción que tenemos, pero como aquí nadie es siamés con nadie, el que no quiera, se va por su cuenta», acaba de sentenciar Indira.

Pablo y Luis Alberto reanudan la partida de ajedrez. Luis Alberto estudia su posición y, como en un soliloquio, dice: «La Tigra, vaya nombrecito». «Usted va a ver que usted verá», agrega Pablo en lo que levanta un alfil. «Yo debí haberme quedado picando y cosiendo muertos en mi Cienfuegos, eso es lo que creo», comenta Luis Alberto frunciendo el labio superior. Lisbeth llama por WhatsApp al novio que vive en Tampa. Karina ha empezado a pintarse las uñas de los pies y pone música. La voz de Alejandro Sanz se explaya por los parlantes.

Indira se arrima a la ventana, a descifrar posiblemente el mañana en la chapa de los autos que siguen de largo y los que se estacionan. Al parecer, el novio de Lisbeth no contestó el teléfono. Yo iba a ponerme una almohada sobre los ojos, para intentar dormir un poco. Lisbeth se me ha parado en frente, con un short de dormir corto y una blusa rosada con un Mickey Mouse empuñando una pucha de flores silvestres. Intuyo, no sé por qué, que en realidad busca llamar la atención de Indira. Me extiende la edición cubana de *Una pasión colonial* y un lapicero. «Hazme una dedicatoria que esté a mi altura», me dice en un evidente intento de parecer simpática. Observo a Indira de reojo y aún parece demasiado absorta mirando ventana afuera. «¿Le tienes miedo?», pregunta Lisbeth entre risueña y desafiante. «Un poco», respondo con cierto dejo de simpatía en la voz.

(Barra del Chelsea)

En ese mismo edificio se me dio cuidar a un viejo que había sido franquista durante la Guerra Civil. Hacía esa pincha por unos seiscientos euros al mes que me pagaban sus nietos. Por casi dos años tuve que dispararme cientos de anécdotas del legendario Manuel Cifuentes. Yo sabía que buena parte eran posiblemente mentiras, cosas que se inventaba, pero aun así las asimilaba porque todos nos inventamos nuestras coartadas con tal de sobrevivir al silencio, a la soledad, a la muerte de cada día. En verdad Manuel estaba más lúcido que yo. Se me murió a fines de noviembre de 2008 en lo que yo estaba haciéndole un té en la cocina. Lo lloré como si fuera alguien de mi familia. A su lado me curé yo de muchas cosas que me habían hecho daño, eso es un hecho. Dos meses después me enteré con uno de sus nietos que Manuel no había sido más que un simple telegrafista durante la guerra, que si nunca lo desmintieron fue porque sabían que ninguna verdad lo habría hecho tan feliz como aquella sarta de mentiras. Me las contaba perfectamente hilvanadas, porque esas mentiras le daban sentido a sus días y le ayudaban a acercarse a mí. Manuel sentía por mí el mismo amor que un niño siente por su maestra. Tenías que ver cómo me agarraba las manos. Primero me daba un miedo terrible, después una ternura que no te puedo explicar.

Esa fue sin duda la época más casta de mi vida. En esos dos años volví a ser virgen. Me acariciaba mucho, me hacía mis buenas pajas con unas fantasías bien surrealistas, pero no me llamaba templar con nadie. Yo digo que esa fue la época de recuperar el amor propio. Si todos los libros que leí los meto en el eternoretornógrafo de

Nogueras, tendría frente a mí un bosque, un bosque bien tupido. Creo que me hice experta en la Guerra Civil. En la casa de Manuel había muchos libros sobre el tema. Sus nietos le compraban lo último que salía. Yo creo que de ahí sacaba los argumentos para fabular sus aventuras, porque cuando no hablábamos, se la pasaba leyendo. Supongo que no dormiría de noche cuadrando que no se le fuera ningún detalle de sus mentiras: una orfebrería de ficción que tú tenías que haber visto. Si a ese viejo le hubiera dado por meterse a novelista, unos cuantos que se las dan de prodigios tuvieran que haberse recogido.

Por esa época, a pesar de que muchas veces allá en Cuba ni el dinero resuelve, a mi mamá y mi hermana no les faltaba de nada. Yo mandaba hasta ciento cincuenta euros al mes y eso para ellas dos era una pequeña fortuna. Mientras vivió Manuel, y yo por supuesto tuve trabajo, viví tranquila y feliz, como te decía, leyendo mucho, y eso sí, los domingos, que eran mis días libres, viendo mucho cine en Callao y mucho teatro en el Barrio de las Letras.

Me había quedado ilegal desde hacía un buen tiempo, pero no era un tema que me preocupara porque además olvidé decirte que los nietos de Manuel me daban techo y comida gratis aparte de los seiscientos euros, y eso me facilitaba las cosas en gran medida. De pronto, con la muerte de Manuel, la situación cambió: tuve que enfrentarme al mundo real, a que me explotaran, a que mi culo y mis tetas fueran la mejor credencial donde quiera que me presentara. Muchos tipos me ofrecieron trabajo de puta, pero yo siempre me había negado, no porque me hicieran asco las putas ni porque viéndolas en La Montera me diese un ataque de dignidad, sino porque singarse a una puta es singarse a la tristeza misma, una puta es el sufrimiento con tetas, y eso no te lo digo por feminista, que odio el feminismo, lo digo porque terminé siendo una y sé lo que pasa después de que un tipo te la mete por delante y otro por detrás, o uno te tiene mamando un pingón que no te cabe en la boca, y dos o tres se te vienen en la cara, disparando leche con sus enormes pingas. Todo eso lo viví en Hannover y Berlín. Y no quisiera volver a vivirlo, esa es la verdad.

Antes de irse a Liubliana con su novia eslovena, Juan Carlos, que fue mi gran amigo y sostén en España, me consiguió trabajo como camarera en un bar que quedaba en una de las callecitas aledañas a la Puerta del Sol, no lejos de La Negra Tomasa. Allí conocí a Ibis, una enfermera de Camagüey que llevaba ya varios años en Madrid con papeles y trabajo estable, lo que se dice una «vida hecha». Ya casi llegaba a los cuarenta, pero tenía una figura de niña que muchas veinteañeras le hubieran envidiado. Empezamos a ir al teatro y al cine, y en menos de un mes estábamos viviendo juntas en un piso que rentaba en Arganda del Rey. Con Ibis me volvió el diablo al cuerpo: nos desguazábamos lo mismo en la cama que en su carro, o en cualquier lugar donde hubiese una penumbra cómoda para gozarnos. Pero a mayor intensidad, mayor posesión por parte de Ibis. Creo que llegué a enamorarme de ella, algo que no me había sucedido con ninguna mujer. El precio fue alto. Me controlaba todo: el correo, el celular, a dónde iba, con quién. La cosa llegó al punto de que me impidió trabajar. Yo fui su prisionera en todo sentido: se obsesionó conmigo de mala manera. Con tal de que nadie me pusiese los ojos encima, se distanció de sus amistades, gente que le habían tendido una mano cuando puso los pies en España con menos de cien euros y una mochila llena de trapos sucios.

Un día me dijo que si la dejaba me iba a picar en pedazos y me iba a lanzar a cualquier cuneta. «Aquí nadie te va a echar de menos». Como le vi en los ojos el impulso real de hacerlo, tomé la decisión de irme como mismo hui de Alemania, con lo que traía puesto y un poco de dinero en efectivo que había logrado ahorrar. Contacté con Esteban, uno de los nietos de Manuel, y le pedí que me ayudara con un trabajo en lo que fuera. Me consiguió un puesto como dependiente en un mercado popular que está cerca de la Plaza de

España, en el mismo Madrid. Me fui a una pieza yo sola, pero puede decirse que trabajaba más de ocho horas para tener solo un lugar semidecente donde guarecerme. Tenía olor a pulpo, mejillones y tilapia impregnado en las uñas y en los poros de todo el cuerpo. No hacía más que maldecirme a mí misma y al cabrón día en que decidí dejarlo todo atrás para coquetear con la nada, con la incertidumbre absoluta.

A mi mamá y mi hermana les decía que estaba bien, un poco apretada con el dinero, pero bien. La desesperación me llevó a una iglesia evangelista que un exmilitar había improvisado en su casa. Durante un tiempo tuve cierto sosiego, pero no haces nada con tapizar de seda la mierda en la que te hundes, como quiera estás hundido y encima de tu cabeza está a punto de formarse una gran burbuja de mierda. En esas agonías me sorprendió mediados de 2011. Creo que llegué a envejecer un poco. Engordé estúpidamente. No hacía por ir al gimnasio ni nada. Yo era un cadáver con signos vitales, un bulto, una gorda que alguna vez tuvo algo interesante, algún rastro de inteligencia tal vez.

Un domingo decidí dejar de presumir tanta dureza. Le escribí a Ana Lucía, le conté del «pi al pa» todo lo que me había sucedido desde mi salida de Cuba. Le pedí que, por lo más grande, no fuera a decirle nada a nuestra «jefa», que ya tenía suficiente con la famita de tortillera arribista que me habían dado los zurcechancletas del grupo. Al otro día, temprano, tenía yo un correo de Ana Lucía en la bandeja de Gmail. Era una sola palabra en mayúsculas: VUELVE.

Hay palabras que incendian enciclopedias, bibliotecas enteras. Esas palabras cumplen su función. Y la cumplen bien. Por más que quise hacerme la sueca, aquella palabra me salía hasta en la sopa. Veía donde quiera letras al azar que formaban esa palabra: en las chapas de los taxis que pasaban a mil por la Gran Vía, en las carteleras de los cines y los teatros, en las tapas de las alcantarillas, en el collar de los perros que los jubilados sacaban a mear. En fin, que me dije a mí misma: Indira te estás chiflando, ya no arrancas por la llave. No pensaba en la situación ni en las consecuencias, estaba obsesionada solamente con la cabrona palabra. Un lunes inventé que me iba en mierda para no tener que vérmelas con pulpos, calamares y tilapias. El dueño del puesto fingió creerme y me dio el día. Puse muchas cosas en una balanza, lo bueno, lo malo y lo regular. Me vi quedándome y me vi hundida en la mierda, me vi regresando a Cuba y también seguía hasta el cuello hundida en mierda. Mierda de niño enfermo, de sidoso en fase terminal. La mierda de España no me servía ni de abono, la de Cuba sí.

Comencé a ilusionarme, a hacer planes. Me salió caro, pero llamé a mi hermana al museo donde trabajaba: le dije que volvía, que no se lo dijera a la «jefa» porque quería darle la sorpresa, que sería solo un par de meses. Llamar a Ana Lucía y decirle que iba era una forma que yo misma tenía de impedirme dar marcha atrás. Mi hermana me dijo: «No importa lo que arriesgues, lo importante es que estés bien, y si no estás bien allá, aquí está tu casa, aquí está la cosa fea, pero nadie se muere de hambre». Al abrir la puertecita de la cabina telefónica, la que salió a la calle era otra persona. De regreso al piso me fui organizando mentalmente. Iba a trabajar un par de meses más y a ahorrar en todo lo que pudiera para comprar el pasaje, pagar la prórroga del pasaporte en la Embajada y que me quedara algo de dinero para no llegar en la sal viva. Así lo hice y creo que fueron los dos meses más felices que pasé en Madrid.

El 6 de septiembre, a primera hora, estaba en el aeropuerto de Barajas, lista para abordar el vuelo de Iberia que salía para La Habana. Como era de esperar, me llevé mi buen regaño por el tiempo que había permanecido ilegal en España. Me dejaron salir, pero me aclararon que, con ese hecho, difícilmente conseguiría en menos de cinco años otro visado de la Unión Europea. Dejé Madrid sin lágrimas. Mi gratitud no me dejaba llorar por más que tuviera un nudo en la garganta. En las doce horas de vuelo no pude pegar un ojo. A cada rato consultaba la línea del avión en el mapa digital del asiento de enfrente. Me entretuve viendo películas imbéciles, lo mismo para no pensar que íbamos sobre el Atlántico que para no dormirme.

Cuando aterricé en el José Martí, tuve la sensación, en parte, de que volvía a entrar en la pesadilla de lo mismo con lo mismo, de que en cualquier parte mi vida sería un desperdicio. Me fijé en varias caras de los que conmigo pasaron el control de inmigración. Muchos lucían como lo que eran posiblemente: gente estúpida, mediocre, gente atrapada en su propio laberinto como tal vez lo estamos cada uno de nosotros. Me animé al pensar que mi hermana estaría esperándome tras la valla de cinta eláster.

Concentrada en esa idea no llegó a contrariarme el hecho de que en la taquilla una mulatica con cara de perra me leyera la cartilla diciéndome que había perdido mis derechos en Cuba porque hacía más de dos años que no pisaba territorio nacional. No me sacó del paso que me gruñeran las hienas de la Aduana ni que me quitaran uno que otro cacharro cuyo peso no había calculado bien. Una vez que nos vimos después de seis años, fue Ana Lucía quien se quebró. Yo no, yo estaba tan aturdida que no podía. Quería llorar como una forma de solidaridad elemental con mi hermana, pero me sentía imbécil, forzándome a algo que no era para mí momento de hacer. La gente nos miró primero y luego ya nadie reparó en la escena. Ni en los aeropuertos ni en los hospitales las escenas de llanto familiar son una rareza para nadie.

Todo a mi alrededor me parecía asquerosamente sucio. Mi propia hermana se hallaba percudida, con la cara manchada como si hubiera acabado de parir. La Habana estaba tan cochina como la describió Humboldt, y pensar en eso me daba la sensación, y a la vez el consuelo, de que nada había cambiado desde los primeros meses del siglo diecinueve hasta la fecha. Yo miraba por la ventanilla del almendrón y de vez en cuando le apretaba la mano a Ana Lucía, que se durmió un tramo del camino con la cabeza recostada en mi hombro. Había pasado varias malas noches con tal de ir a recogerme. Bueno, el resto ya te lo debes imaginar: doce horas por carretera en una Vía Azul, con cuatro o cinco paradas por el camino. Oriente, a momentos se me antojaba un poco menos albañal que La Habana, pero igual me parecieron todos los pueblos: miserias recicladas, recicladas hasta deparar incluso la impresión de un cambio.

En los pocos tramos que estuve despierta mi hermana me puso al día: nuestra «jefa», la gran Coralia Álvarez, a pesar de mi negativa sobre el asunto, seguía cosiendo para la calle, que si ajustándole un vestido a fulanita, que si soltándole a un pantalón de perencejo que engordó como un puerco, en fin, que nuestra señora madre tenía la Singer en modo ráfaga todo el tiempo. Remendaba los trapos de unos y otros noche y día, pero seguramente su mayor quisquilla era remendar su propia vida, unos pocos metros de esperanza que ya no aguantaban un roto o un descosido más. Tal vez no eran ya ni esperanza, sino esa resignación bonachona de haber esperado en vano y sin rencor, cosas que nunca llegaron. Por su parte Ana Lucía se había vuelto la querida del director del museo provincial, un tipo que tú y yo conocemos, y que por no sumar más mierda a todo esto que te digo, no pronuncio su nombre. Un tipo como otros tantos: de esos que no saben ni sabrán la diferencia entre grande y glande. Mi hermana tan bien puesta todavía y casi secuestrada por el tipo más pinga que ha parido una madre. Pero bueno, la suya era una asquerosidad menor al lado de la mía, que había hecho de todo sin reparar en consecuencias. ¿Quién era yo para juzgarla? El hecho de que no pudo tener hijos la condenó a no aspirar a cosas mayores, a creerse acabada de antemano, querida por caridad, algo de veras terrible, un bache del que tal vez no logre salir nunca, así de triste.

La cosa es que mi hermana le había dicho a nuestra jefa que iba a La Habana a un curso de restauración, un curso de pocos días con gente de Eusebio Leal. Luego las vecinas fueron preparándola para que el tanganazo de verme, luego de seis años no fuera tan brusco, de modo que saliendo nosotras de La Habana, se le dijo de la sorpresa. Le habían dado las pastillas para la presión y la tenían sentada en uno de los balances de la sala. Cuando la tuve enfrente tampoco lloré. Solo empecé a acariciarla suavecito con el dorso de la mano y a darle besos en la frente. El verdadero llanto es un río subterráneo. Mucha gente del barrio estaba más emocionada que yo: unos porque me apreciaban verdaderamente, y otros porque la hipocresía es el pan suyo de cada día. Bueno, qué te voy a contar de los barrios en Cuba, ni que fueras mexicano o argentino.

Esa primera noche, dormimos las tres juntas en el cuarto que había sido mío. Volver es cosa de asesinos y degenerados y yo posiblemente clasifique como una degenerada, como alguien que necesita ver, a toda costa, en qué se ha convertido el mundo que dejó atrás. Mi madre solo quería oír de mis propios labios, que no regresaría a España, que le jurara que en esta ocasión asentaría cabeza, que tal vez me casaría con un buen hombre y haría una familia, y le daría su primer nieto. Mi madre, que donde quiera que esté me perdone, tenía una nobleza que la hacía un ser demasiado elemental. Y la gente demasiado elemental, no lo digo en mal plan, termina exigiendo esfuerzos vanguardistas a quienes no son como ellos. Esa noche, entre ella y mi hermana, me dieron un parte de los chismes más sonados del barrio en esos seis años de ausencia. Intentamos hablar de todo. Agotamos temas que podrían haber esperado. Por momentos lo teníamos todo pendiente, y por momentos no teníamos nada que decirnos. ¡Pinga! La vida es dura y es extraña, en fin, nada nuevo, pero cada quien escribe su librito de filosofía, ya sea de la barata o la pésima. El rollo está en querer tener razón.

Entre los temas de conversación de esa noche, saliste tú, que recién te habías ido a Ecuador después de vivir en Dominicana, y aún no se había disuelto el eco del Premio Salamandra. Mi mamá y mi hermana de lo que hablaban era de la plata que te habías ganado, de los diez mil fulas que los mexicanos te habían pagado. Claro que no podían hablar de tu novela, sino de lo buen partido que eras y de la tremenda metida de pata que di yo al dejarte. Yo había pensado mucho antes en ti. Te lo juro. No me acordaba todos los días, pero cuando estaba muy sola o muy frustrada, tanto en Alemania como en España, me lamentaba por haber dejado ir a un tipo sensible, tierno e inteligente como tú. No te estoy guataqueando, es realmente así. Esa noche sentí, no tanta curiosidad por ti como por la novela con que habías ganado el premio. Ana Lucía intentaba hacer memoria, pero no se acordaba del título. Rebuscó en una gaveta donde guardaba recortes de periódicos que le interesaban y ahí encontró el dato: *Una pasión colonial*, de Alejandro Castillo, ganadora del Premio Salamandra.

Yo intuía que algo mío debías haber vaciado en algún personaje de ese mamotreto. Logré que alguien cercano a Dailín le pidiera un ejemplar de la edición mexicana y confirmé mi teoría: yo era la Belén Insáustegui, la masturbadora de inocencias campestres, la clitoriógrafa experta, la endurecedora de pezones angelicales. Aquellos tríos que habíamos hecho con muchachitas asustadas y lesbianas profesionales te habían servido de mucho. Era algo que me quedaba claro. Esta Belén Insáustegui tenía todos mis rasgos, todas mis delicadezas vampirezcas. Yo no sabía si era una venganza o un homenaje de tu parte. Seguías en Ecuador. Conseguí tu correo con unas amistades, pero no tuve el valor de escribirte. Me habían dicho que te habías llevado a Claudia para Santo Domingo y luego para Quito. Me habían dicho, no sé si por resentimiento de terceros, que eras feliz con ella. Claudia siempre tuvo más visión que yo. Era más convencional pero más aterrizada. Tiempo después, supe que las cosas entre tú y Claudia no iban bien, que ella no se había adaptado a vivir fuera de Cuba, que no había podido ejercer como abogada, y que, en fin, todo estaba en el aire contigo. Me dio pena, pero seguí en plan distancia. El caso es que hay vidas Mona Lisa por fuera y aquelarre de Goya por dentro. Ya tú ves lo que son las cosas:

no se puede hablar con nadie de las intimidades de uno: ella se lo contó a una amiga, esa amiga se lo contó a otra amiga, hasta que, sin querer, me enteré yo. Una mañana, como entre mayo y junio de 2013, me encontré con Claudia en un taller de celulares que en aquel entonces estaba en el Paseo. Yo había ido a que me recortaran una línea que recién me había comprado, y ella a que le desbloquearan un Huawei. Se hizo la que no me había visto, montada en el personaje de extranjera. Y como a mí el que me ignora lo convierto automáticamente en un mojón, descargué la taza con ella, y quien se hizo entonces la extranjera fui yo.

No fue fácil readaptarme a la situación, a la escasez, las colas, el calor, la mediocridad de la gente, sobre todo de la gente que se supone debe tener media neurona haciendo sinapsis. Lo primero que hice, antes que nada, para darle a mi jefa una seguridad que la tranquilizara, fue comenzar el papeleo del proceso de repatriación, porque como ya te dije, había perdido los dichosos «derechos». Después de cinco meses volví a tener carnet de identidad y a formar parte de un núcleo, es decir, que volvieron a llegarme los mandados a la bodega y tuve acceso al resto de piltrafas a las que uno puede aspirar estando allí. Para esa fecha ya *Alas* se había desintegrado: unos se habían quedado en Colombia, México y Chile, otros se habían ido para La Habana en busca de oxígeno, y unos cuantos, de hecho la mayoría, estaban en Venezuela, jugándose la vida por un televisor, un refri, una lavadora y cuatro trapos que se ripian en dos puestas.

En lo que esperaba a que estuvieran mis papeles, seguía frecuentando las peñas de teatro, dándole consejos a los actores que empezaban a surgir, prestando los vestuarios que tenía guardados en mi casa, pero, aún así, yo era para muchos una tortillera arrepentida que había vuelto de España con el rabo entre las patas, una escoria a la que había que tener en la mira por todo el tiempo que llevaba fuera. De mí se decía lo peor, pero yo sabía que la mala fama, como todo, es transitoria: de unos rajan hasta que aparece otra víctima en el ambiente. Y esa víctima no tardó en aparecer: a Manolito Fonseca la mujer lo cogió mamándosela a uno de sus alumnos, y eso fue suficiente para que me dejaran tranquila. De vez en cuando alguien lanzaba una pulla, pero el que está curado de espanto aprende a esquivarlas sin perder el glamur ni el equilibrio.

En lo que buscaba en qué ocuparme, cuando ya todos mis papeles estuvieron en regla, se me ocurrió una idea que creo me la sopló un muerto por lo clara que estaba. Fue como si una voz me dijera al oído: «No te metas el dinero, inviértelo». Y eso hice. Le compré un bicitaxi a un coronel retirado. El alcohol lo tenía hecho un gargajo de hombre, y estaba vendiendo sus cosas de valor para comprar su botellita de «hueso de tigre». Se lo compré sin gomas y con la pintura descacarañada en 200 fulas, unos cinco mil pesos. Lo que sí estaba era bien tapizado y con el rodamiento casi nuevo. En un mes ya estaba dando guerra. Se lo di a trabajar a Beto, el vecino mío de enfrente. Setenta porciento para mí y treinta para él. Si bien no daba para hacerse rico, sí para comer decentemente y complacer con algunos gustos a mi mamá, que bastante se había jodido conmigo y mi hermana desde que el cabrón de nuestro padre desapareció del mapa. De momento no tuve que trabajar, pero me entraban unas depresiones peores que un minuto de honestidad en la conciencia de un jefe.

Me llamaron de la radio para hacer dramatizados históricos. No era lo que yo hubiera preferido porque siempre me ha despertado cierta lepra el discursito gonorreoso de la historia. Pero, más allá de todo, hice personajes con una dignidad que la gente me elogiaba en la calle, sobre todo las amigas de mi mamá, que son de ese tipo de gente que todavía está ciega. Al parecer, darle voz a esas heroínas que no meaban ni se venían me devolvió un poco la confianza de los cocotudos de Artes Escénicas.

Como a los tres meses me llamaron para fundar un grupo con egresados de la Escuela de Actuación. Me pusieron de directora, porque si había algo que no me podían ningunear era la experiencia. Comenzamos primero con giras por los municipios del Llano y la Sierra, luego a ganar premios en festivales de otras provincias, sobre todo del centro y occidente. El director, Hugo Barrero, era un muchacho más joven que yo, pero con talento y cojones para defender proyectos tanto en las reuniones de base como frente a los duros del *Reichstag* cultural que decidían los presupuestos anuales. Yo codirigía, actuaba y escribía una que otra obrita. La gente indiscreta no se cansaba de preguntarme por qué me había ido de España, si lo que todo el mundo quería era salir. Entonces yo les decía, con mi santa cara de hijeputa: «Me dieron el pire porque soy nieta de mambises y no querían que les virara al revés aquello».

Las cosas con el teatro iban bien, pero Beto, mi vecino, me estaba dando la mala con la plata del bici, y lo mandé a singar. No me habló más, pero me lo quité de encima. Parqueé el bici en la sala de la casa como un mes, pero me dije que solo se lo iba a dar a alguien serio para que me lo trabajara. Un día, uno de los actores que trabajaba conmigo, me dijo que tenía un hermano que recién había terminado el servicio militar, y que, como no había cogido carrera, estaba buscando qué hacer. Lo que fuera. Me aseguró que era un muchacho tranquilo, trabajador y honesto, y que no me iba a defraudar.

Hotel Metrópolis, Medellín, Colombia, 20 de junio/2015

10.28 a. m.

(JAVIER, mientras se limpia los oídos con un palillo clínex)

Yo vendí un Peugeot de los antiguos, de los últimos que entraron a Cuba. Me lo dejó mi abuelo paterno en testamento, pero no era gran cosa, porque se pasó más de veinte años casi a sol y sereno, y es verdad que la carrocería había que hacerla casi nueva. Me lo compró un médico que regresó de África, loco por hacerse de un carro clásico que no fuera un almendrón. Le di una parte del dinero a mi vieja para unos arreglos que hacían falta en la casa, y la otra, decidí invertirla en esta cruzada. Por eso digo que ese Peugeot tiene que convertirse en otro Peugeot. Cuando por fin pueda trabajar en el Yuma, es la marca de carro que me voy a comprar con los ojos cerrados. Pero no quiero adelantarme a los hechos, hacer planes es a veces una forma de arruinar las cosas. Mejor estarse quieto.

(PABLO, mientras intenta alinear un cubo de Rubik)

Mi abuela, por parte de mi mamá, Dalia Proenza —que Dios tenga en su Gloria— siempre le dejó claro a mis tíos, que su casa, una vez que ella no existiera, sería para mí. Como yo perdí a mi mamá con doce años, mi abuela Dalia me crio con cierta lástima, cosa que me trajo muchos problemas, pero eso no viene al caso. También, fui yo el que se hizo cargo de ella a tiempo completo, desde que le descubrieron la enfermedad, hasta que Dios decidió llamarla a su seno, y eso pesó mucho ante los ojos de sus hijos. Ninguno de ellos interfirió porque cada quien tiene su casa, y, además, de mis primos, no vive ya ninguno en Cuba. Aquella era más bien una casita, de los años cincuenta en el centro de Camagüey, de mampostería y tejas, pero en buen estado. Cuando por fin decidimos mi mujer y yo dar este paso, se la vendimos al pastor de la iglesia que habíamos empezado a visitar. Mi mujer se fue para casa de sus padres (ya bien mayores y enfermos), y mírenme donde estoy, con la bendición de Dios, que tiene nuestras vidas pasadas en limpio, aunque nosotros creamos que están en borrador. Dios tiene sus planes conmigo, como los tiene con cada uno de ustedes. Solo hay que dejarse llevar y tener fe, aferrarse a su misericordia, y creer que todo es posible.

(LISBETH, mientras hojea inconscientemente su propio diario)

Yo, sin Freddy, mi novio, no estaría aquí. Él es quien ha costeado cada paso mío en esta aventura. De no ser por él, yo estaría dando clases de Educación Musical en una secundaria, o en la Orquesta Sinfónica de Camagüey, eso, como mejor destino. Muy bonito todo con la música, con mi instrumento que es el chelo, pero el tiempo pasa y tenemos una sola vida, mis padres se van haciendo ancianos, y yo tengo que hacer por ellos como se debe, con dinero, con acciones concretas. Para cumplir este juramento que me he hecho, soy capaz de olvidarme de la fantasía de la música, trabajar en lo que sea, empacando pollo, de mesera, limpiando culos de viejos, no sé, lo que haya que hacer.

(KARINA, mientras se arregla las cejas frente a un pequeño espejo)

A mí sí no me ha sido fácil llegar hasta aquí. El dinero de este viaje lo levanté criando puercos con mi hermano mayor en un monte de Baracoa. Criar puercos tiene la cara fea. Si no tienes convenio con Porcino, luchar la comida es un reto de tres pingas. Mi hermano y yo, haciendo yogur de yuca, y rapiñando desperdicios aquí y allá en un carretón, logramos criar más de cuarenta puercos blancos. Pero me cansé de esa vida, de apestar desde las seis de la mañana hasta las nueve de la noche. A veces, por bien que me bañara, me salía el chero a mierda de puerco. No se me acercaba ningún hombre que valiera la pena. Yo nací en el monte, pero nunca tuve mente de guajira. Siempre me gustó la ciudad. Un buen día, oyendo los cuentos de una prima mía que vive en Miami, me dije: Allá es donde yo tengo que estar. Solo fue cuestión de proponérmelo. Antes de salir de mi casa le hice una promesa a la Virgen. El día que vaya a buscar a mi hija voy directo al Cobre a pagarla. Una promesa es una promesa, eso lo tengo más que claro.

(Luis Alberto, mientras se corta las uñas)

Yo estoy endeudado hasta los cojones, pero es con mi papá, que se fue para el Yuma en el ochenta. A mi papá lo conocí hace cinco años, justo cuando me estaba divorciando de mi segunda mujer. Cuando yo nací no quiso darme el apellido pues decía que yo no era hijo suyo. Lo decía porque no había salido de su color, sino que salí un poco oscuro a la familia de mi mamá. Pero el tiempo es la única prueba de ADN que no falla: ahora, de todos sus hijos, soy yo el que más se le parece. Mi papá me buscó entonces porque todo parece indicar que la conciencia lo estaba trabajando. Entonces me dijo que quería ayudarme. Lo primero que hizo fue darme el apellido. Mi mamá se opuso en principio, pero luego entró en caja. Mi papá vive en Hialeah, está casado con una hondureña y tiene tres hijos, todos varones. Es el jefe de una brigada que hace trabajos de instalaciones eléctricas y plomería. No es millonario, pero tampoco está mal. Lo que pienso es pagarle cada centavo de esta aventura con trabajo. Nunca he hecho cosas de plomería, pero después de ganarte la vida picando y cosiendo muertos, nada es imposible. Él me ha dicho que esa es una pincha que los gringos pagan bien, pero ya estoy asqueado de ese olor, de ver las caras de carneros degollados que tienen los ñampios, la verdad es que quiero cambiar de aire. Fueron muchos años encerrado en una morgue todo el santo día. Pero bueno, nadie sabe, yo sí creo que no hay nada escrito, el destino lo hace o lo deshace uno mismo.

Apartadó, noroeste de Colombia, 23 de junio/2015

5:56 p.m.

«¿A qué hora llegamos por fin a Necoclí?», pregunta Indira a La Tigra. «Antes de las nueve, si no me fallan los cálculos», responde La Tigra llevándose una pastilla de chicle a la boca. Le ofrece otra a Indira, en lo que parece un gesto de viejas amigas. «Si la policía de migración no tuviera tanto bochinche armado en Turbo, los dejaba ahí con unos buenos contactos que tengo, pero hay que subir hasta Necoclí, que ahora mismo está más tranquilo y hay menos gente». Bien puesto el alias, La Tigra es una versión femenina de Sandokan, alguien a quien Kabir Bedi habría reconocido de inmediato como a una posible gemela. La Tigra es una cuarentona deseable, con carácter. Una mujer de respuestas inteligentes y rápidas. Me gusta cómo maneja, sus giros de timón entre la prudencia y el riesgo. Hasta Pablo ha hecho a un lado su Nuevo Testamento por tal de no perderse la menor gesticulación felina de esta mujer.

La Tigra, «delicada y fatal, está hecha para el amor». Javier y Luis Alberto han olvidado los peligros por un instante. Javier se hace el simpático con algún que otro piropo. Desde Medellín no deja de lanzarle indirectas sobre su belleza sensual. «No te pasés de listo pelado, que mi hijo menor debe ser mayor que vos», observa La Tigra en un tono entre la advertencia y el coqueteo. En menos de una hora será de noche. No sé cómo poner el culo luego de tantas horas de carretera. Me duele la columna, el cuello. Amenaza con joder la muela del empaste quebrado. La Tigra sigue en silencio, mascando su rastrojo de chicle y mirando al horizonte inmediato con una sonrisa que no sé si ponderar como enigmática o letal. El resto de las mujeres se ve empequeñecido ante la fiereza de su carisma.

Cierro los ojos e imagino un combate sexual con La Tigra. El movimiento de la camioneta favorece la erección. La Tigra de vez en cuando mira a Javier por el retrovisor interno. Creo que de veras le ha gustado. Me pregunto si Javier se atreverá después de que la Tigra lo intimidara hace unos minutos. La noche es casi una sentencia ejecutada. La Tigra se detiene ahora donde un grupo de hombres apostados al pie de un furgón. No alcanzo a contarlos. Van pertrechados con pistolas y armas largas. No creo que vayan a custodiarnos lo que resta del camino. Nos ordenan bajar de la camioneta. Todos nos miramos, con el susto a flor de piel. «Nosotros confiamos en usted, Tigra, ¡no nos puede hacer esto después de que cada uno le dio 200 dólares en Medellín!», le grita Indira. «Bájame el tonito, niña, si no quieres que te enfríe aquí mismo», le contesta La Tigra poniéndole la pistola en la sien. «Hazle caso, Indi, hazle caso», me atrevo a aconsejarle. Bajamos de la camioneta en espera de lo peor. Me tiemblan las piernas. Lisbeth y Karina han comenzado a llorar y a pedir por sus vidas. Pasa un auto ligero, que acelera al ver la escena. «¡Mochilas al suelo y manos a la cabeza!», ordena con un grito la propia Tigra. Obedecemos de inmediato. Lisbeth no para de llorar.

La Tigra se pasea entre nosotros, mirándonos de arriba abajo: «¡Son mil duros por cabeza, si es que quieren salir vivos de aquí, malnacidos de mierda!», nos vocifera con la vista fija en Javier. «¡Vamos, aflojen ya, que no tengo todo el tiempo para estas mamadas!», añade sin evitar que se le escapen unas chispas de saliva. Con la izquierda abofetea a Lisbeth, lo mismo usa el dorso que la palma de la mano. «¡Cállate, perra, que no resolvés nada con ese lloriqueo de verga!», le grita mordiendo las palabras, como descargando sobre ella una rabia sin memoria. Sus secuaces nos achican sobre las mochilas a punta de cañón. «No nos queda de otra», le digo a Indira entre dientes, que afirma con la mirada. Se pone de rodillas y en un movimiento rápido se mete la mano en la parte frontal del *jeans*. Saca un tabaquito forrado en *nylon* de funda común y reforzado con cinta transparente. «Aquí hay quinientos», me susurra en lo que un tipo le grita que se apure, apoyándole con fuerza el cañón en la nuca. Yo voy directo al bolsillo «secreto» en el interior de mi mochila y saco mil exactos en billetes de veinte. Indira rebusca en la suya y saca otro fajo que imagino deben ser los quinientos restantes. Desenreda la cinta y aparecen cinco billetes de cien nuevos, de esos que tienen una barra azul marino atravesada. Reparo en la cara de imbécil que tenía Benjamin Franklin. Las manos nos tiemblan. «Ya están completos los mil de cada uno», le digo al tipo que no me quita el cañón de la cabeza. Me arrebata el manojo de billetes con la izquierda, sin dejar de apuntarme. «Buitre, colabóreme verificando que sean dos mil», pide a su compañero de armas, que deja de apuntarle a Indira para desmenuzar el fajo.

El Buitre cuenta a una velocidad increíble y asiente. «Doña, estos de aquí ya están cumplidos», le grita a La Tigra, que ha estado demasiado ocupada en desvalijar al resto. «Ténganmelos a raya mientras tanto», vocifera La Tigra con la voz ronca por el ajetreo. Por suerte, el apuro de esta gente hace que las cosas no sean peores. En las guatacas de mis botas y las de Indira, van cuatro mil duros. Espero no tener que molestar a Eli. Ya es de noche. Prenden celulares para alumbrar a quienes aún no han entregado sus mil. Los apuran con amenazas y golpes. Oigo a Pablo rogar por el amor de Cristo y a uno de los orcos cagarse en la madre del Redentor. «¡Quítenles todo lo que sea comida, que hace hambre y el camino es largo!», ordena La Tigra como si aún no fuera suficiente. «Drilo, mijo, póngalo todo en una sola bolsa», le dice La Tigra al tipo que nos tiene encañonados desde el principio. El Buitre se queda a cargo de nosotros. Drilo se pone el rifle en bandolera y corre hasta el furgón cercano. Prende las luces y todos quedamos enceguecidos.

Viene con una saca entre grande y mediana. «¡A ver, gonorreas, vuelquen las mochilas sobre la yerba!», nos grita el Drilo dándole un puntapié a Luis Alberto y otro a Javier. Olímpica la velocidad con que echa latas de atún, carne y granos tiernos, las bolsas de azúcar, refrescos instantáneos, leche en polvo, galletas, chocolates y todo cuanto nos respetaron el teniente Restrepo y el sargento Hinojosa. Lo ayudan otro par de su misma ralea. «Ya estuvo, ya estuvo», dice La Tigra haciendo con la mano un gesto que indica parar de inmediato. Han dejado de temblarme las piernas. «¡Ahora echen sus trapos y corran antes de que me arrepienta y les parta la madre!», grita La Tigra rastrillando lo que parece una 9 milímetros. Con un gesto de cabeza señala a Javier. El Buitre le asesta un piñazo directo al estómago. Recojo a toda velocidad lo poco que me dejó el Buitre y sigo mirando por encima de la ceja. La Tigra se agacha al pie de Javier. «Usted se queda, muñeco», dice con un gesto entre sanguinario y sensual. «¿Por qué, por qué yo?», pregunta apendejado Javier, entre el desafío y la desesperación pusilánime. «No me desencante, muñeco, póngase valientico y no se me afloje», indica La Tigra ahora más sanguinaria que sensual.

    Pablo y Lisbeth le imploran que no le haga nada a su primo. La Tigra lanza un tiro al aire y todos emprendemos la carrera. Cojo a Indira de la mano y la obligo a aumentar la velocidad, temiendo que acaso La Tigra o sus hombres nos acribillen por la espalda. Corro, corro y corro, y siento que cada una de mis zancadas me aleja un trecho de la muerte. Indira corre ahora incluso a mayor velocidad que yo. Miro hacia atrás y lo que alcanzo a ver de los carros es una luz desconchada y brumosa, como una pintura de muchas capas. Me duele el costado derecho. ¿Cuánto habremos corrido? ¿Medio, tres cuartos de kilómetro? Pablo ya no puede más. Lisbeth acaba de torcerse un tobillo y ahora su desesperación es mayor. «¡Tengo que buscar a mi primo, tengo que buscar a mi primo!», me repite una y otra vez con una tos persistente que alterna con un llanto incontrolable. Yo trato de consolarla. Le digo que no sé lo que querrá La Tigra con Javier, pero que debemos poner mente positiva y dar gracias que estamos vivos, y creer que Javier saldrá ileso de estas, aunque creo que Javier tendrá que ser de veras Michael Schofield para escapar de las garras de La Tigra. Ahora, un tanto más sosegado, imagino para qué lo quiere, tendrá que ser hombrecito a la fuerza.

Lisbeth se calma un poco, pero aún no logra apoyar el pie izquierdo. Karina propone una pausa. Indira sugiere que descansemos bajo un árbol que se ve a unos sesenta metros de la carretera, en calidad de bulto, pasto adentro. Pablo lo único que hace es lamentarse y hablar barrabasadas sin sentido. Cargo a Lisbeth a caballito y andamos un trecho regular. Cruzamos con extremo trabajo una cerca de alambre púa. Nos movemos en dirección al árbol, ahora que aparecen un poco más definidos sus contornos. Lisbeth pesa más de lo que parece. No deja de lamentarse por la suerte de Javier y la torcedura del pie.

Por fin llegamos al tronco del árbol. Descargo a Lisbeth con cuidado. Karina rebusca en su mochila y saca una cajita de mentol chino. «Déjame ver», interviene Luis Alberto, que en toda la carrera no ha abierto la boca para decir ni aquí estoy. Karina alumbra con el celular mientras Luis Alberto le palpa el tobillo de varias formas. «Lisbeth es más ñoña de lo que parece. No es gran cosa por lo que veo, es una simple torcedura», dice Luis Alberto como si fuera todo un ortopédico y no un simple picamuertos. Indira se ha puesto la mochila de almohada y ha empezado a mirar las estrellas. Prende un cigarro y no dice nada. Karina le pide uno. Indira se lo da sin mirarla. Karina tiene el tacto de dejarla sola. «Ustedes babeados con la tal Tigra, y miren cómo acaba de comernos vivos a todos», apunta Karina en lo que lanza una bocanada de humo. Ni Luis Alberto ni yo alcanzamos a objetar lo más mínimo. Pablo se ha alejado unos metros. Acaba de arrodillarse a campo descubierto. Desde aquí lo oigo rezar. Los grillos le distorsionan la plegaria. Levanta un suspiro de aire fresco que corre manso entre los canalones de hierba. Yo quiero asumirlo como la primera señal de esperanza luego de tantos descalabros.

(Barra del Chelsea)

A la mañana siguiente conocí a Leandro Ramos, un mulato claro, alto, con los músculos definidos y una mirada de pura chispa. En la sala le hice una entrevista, sin mucho protocolo, pero preguntándole cosas puntuales que me dieron una pista sobre la persona que era. Me dijo que leía poemas de Vargas Vila y novelas de Corín Tellado. Yo no necesito a un culturoso, me dije, sino un tipo que le dé a los pedales y no me robe. Me dio por arriesgarme y le propuse: «¿Quieres empezar mañana a las siete y media?». «Como si es hoy mismo», me respondió en un tono resuelto que me gustó de veras. Bien sabes que los tipos decididos me encantan. Le propuse setenta para treinta y estuvo de acuerdo. Estaba contento y me dijo que si yo quería se lo llevaba para darle un mantenimiento antes de salir a sudarla al otro día. Como en ese momento se hallaba con nosotros el hermano que trabajaba conmigo, le dije: «Sí, llévatelo, y mañana a las siete y media estás aquí». A último minuto quedamos en que nos llevaría a Ana Lucía y a mí hasta nuestros respectivos trabajos en el centro histórico y que de ahí saldría a dar rueda en busca de clientes.

En menos de un mes ya estaba segura de que quería templarme a Leandro a como diera lugar, sin regalarme en bandeja, pero sin olvidar que trabajaba para mí y que yo tenía que hacerle ver que, a pesar de todo, era justamente yo quien tenía el mando de la situación. No solamente estaba forrado en músculo y era, lo que se dice, un mulatico de salir, sino que se podía conversar con él a pesar de uno que otro dicharacho rural, no exento de gracia y hasta de una cierta inocencia.

De lunes a viernes, a las siete y media de la mañana, ya estaba sonando la corneta del bici en la puerta. Mi mamá lo esperaba con la tacita de café, y para hacer honor a la verdad, se encariñó con él de mala manera. Ana Lucía, de camino al trabajo, me daba sus codazos y me guiñaba un ojo. Leandro me lanzaba sus indirectas y yo le lanzaba las mías. Me decía Patrona y eso a mí me parecía gracioso. Había entre nosotros un respeto demasiado frágil, un amago de algo que va a suceder y no sucede, que realmente se me convirtió en una ilusión con todas sus letras. Una ilusión de niños diría yo con tal de ser medianamente justa. Una tarde de esas en que el calor es lo único digno de recordar, me lo encontré en una piquera que está cerca del Teatro. «¿Qué tal si vamos al río a darnos un refrescón?». Como no se lo esperaba, se puso nervioso. En verdad no le salían las palabras. Mientras pedaleaba decía cosas sin mucho sentido, hacía unos chistes bien torpes, que yo fingía asumir como graciosos.

En mucho tiempo, era la primera vez que ponía nervioso a algún hombre. Y yo lo disfrutaba mucho, era como una especie de compensación. En los meses que siguieron corrió más leche entre nosotros que sangre en la guerra del 95. Leandro tenía la pinga del grueso de un biberón. Y una perla que le triplicaba el valor. No debería decirte estas cosas, pero son ciertas, y tú y yo nunca tuvimos pudor para contarnos lo que fuera. Sentía que la vida me estaba dando una segunda oportunidad. Al principio intentamos esconder la relación, pero ya luego fue inevitable que se enteraran hasta los perros.

En aquel entonces él era un hombre dócil, con una inocencia que lo mismo me aterraba que me conmovía. Como tenía una gracia natural y un poder de observación innato para la gente y las cosas, decidí ayudarle a seguir cultivando esa inteligencia. Le faltaban lecturas y yo se las propicié. Le puse un plan de novelas cortas que terminó enviciándolo. Le desarrollé el hábito de leer con diccionario, de no quedarse con una palabra atragantada. Lo primero que le hice leer fue *El destino de un hombre*, porque le fascinaban los temas de la Segunda Guerra Mundial. Después leyó *Aura* en una tarde y en un fin de semana *El amor en los tiempos del cólera*. Recuerdo que un día lo sorprendí con tu novela. Estaba obsesionado con la idea de conocerte, yo le dije que éramos buenos amigos, pero al menos en esa época no le confié que habíamos tenido una relación o cosa que se le pareciera. Íbamos a conciertos, presentaciones de libros y estrenos de películas. Todo eso lo combinábamos con un sexo de infarto. Muchas veces nos íbamos a cuartos de alquiler, porque tanto en su casa como en la mía armábamos un escarceo antimoral.

Mi mamá lo consentía mucho. Le encantaba que fuera un tipo trabajador, esforzado y, sobre todo, que estuviera dispuesto a cualquier cosa por mí. Yo, en cambio, no anduve con la misma suerte. Su mamá nunca me vio con buenos ojos. Ya era jubilada y había sido, por muchos años, económica en Cultura, conocía a mucha gente del gremio, y tal vez le habían llegado rumores de mis descalabros, de que lo mismo le iba al plátano que a la papaya. El padre era un hombre sano, que se la pasaba entre la pelota, el dominó y una finquita que tenía cerca del cementerio. Me saludaba cariñoso, pero nunca dijo ni esta boca es mía.

Yo me sentía plena en esa época, descifrando los misterios de una vida común, sin grandes estridencias, convencida de que lo extraordinario está muchas veces en lo elemental. Lo único extravagante en mi vida era el teatro. Fuera de eso ya no despertaba en mí un interés fuerte ninguna mujer. Había actrices, de las que trabajaban conmigo, abiertamente lesbianas, que me tiraban sus indirectas, yo no quería, por nada del mundo, estropear la maravilla que estaba viviendo. Algunas me prometían el más estricto de los silencios, pero hay cosas por las que bien vale la pena reprimirse algunos deseos. Leandro, al menos en esa época, merecía el esfuerzo.

Yo hacía de tripas corazón a pesar de que me asediaba la tentación del pecado. Se me ofrecieron las venus que ningún Botticelli soñó, las salomés que ningún Caravaggio llegó a esbozar: todas fueron virtualmente mías, y, sin embargo, interpuse, entre esas *donnas* y yo, el más casto de los abismos. Hoy lo lamento, pero nadie es consciente de cuánto pierde en el *show* de las buenas costumbres y la contención moral. Lo que en moral es cierto, en materia de instintos es falso. La vida es así: las brújulas mienten, los mapas también, solo quien camina es en sí mismo su propia verdad, pero ya basta de filosofía de bajo costo, estamos aquí y no en la cola del pan.

Un buen día se me retrasó la regla y ya te imaginarás el resto. En ningún momento pensé en sacármelo. Desde que lo supe me dije que lo tendría. Y así fue. Leandro estaba listo para ser padre. Yo, sin darme cuenta, lo había preparado para ese momento. Se había convertido en otro hombre, más ecuánime y abierto, más consciente de quien era en verdad. Mantenía su sentido del humor, pero había pasado del chiste ramplón a la ironía como si fuera una forma de acupuntura mental. Quería estudiar Derecho. Se había metido en la cabeza ser abogado. Teníamos en planes comprarnos una casa, tener nuestro propio espacio. Pero la felicidad es una burbuja a la que esperan demasiadas espinas. Cuando yo tenía como dos meses de embarazo, le diagnosticaron cáncer de seno a mi mamá. Logramos que la operara un buen cirujano y con eso alargarle la vida un par de años más. Fue un sobresalto tremendo: lo que no tuve en náuseas y malestares lo tuve en mortificación, una angustia tan terrible que es mejor ni hablar del tema.

Me levantaba de madrugada a velarle el sueño, la veía durmiendo con el amago de claridad del baño, y veía la cama vacía, como si ya lo peor hubiese sucedido. ¿Tú te has puesto a pensar cuántas veces mata uno a un ser querido antes de que le toque morirse? La cuestión fue que en esa zozobra viví el resto de mi embarazo. Mi mamá, por momentos parecía no tener nada, pero el miedo es un motor que no se apaga.

Víctor nació el 9 de diciembre de 2012, pesó ocho libras. Leandro lloraba de la felicidad. No te niego que yo también. Un hijo es algo que la saliva de todos los grandes genios no puede nombrar. Yo espero que un día lo sepas de primera mano. Los libros se olvidan, las canciones pasan de moda, las películas se convierten en referencias, pero un hijo, por malo que salga, es la prueba de que algo supiste hacer bien.

Víctor comenzó a crecer sin mayores contratiempos que los normales. Mi mamá y su abuela paterna, que no habían pasado nunca de un saludo distante, se convirtieron en buenas comadres. El abuelo se nos aparecía al menos una vez por semana con una jaba de malangas y varios litros de leche. Aun en medio de la escasez que tú conoces, no nos faltó de nada. Víctor tenía mis ojos, la nariz del padre y toda la fuerza del porvenir en sus manos. Yo no me cansaba de besárselas. Verlo prendido de mi teta era lo más bello del mundo. Él era la confirmación de que todos mis descalabros habían tenido una justificación trascendental. Víctor es mi verdadera patria, lo demás es mierda, pura declaración de principios, palabras que no aguantan el peso de los hechos.

Cuando Víctor cumplió el año, se dio la posibilidad de un intercambio con Canadá. Una oportunidad que no venía nada mal por cuestiones relacionadas con plata que no tengo ni que explicarte. Leandro seguía pedaleando todos los días como un buen gladiador de calle, pero el ingreso era bastante irregular: había días de milagro y otros de franco desastre. Yo tenía previsto resolver un contrato de trabajo en Quebec, que me permitiera, al menos durante un año, reunir la plata para la casa que queríamos comprar y tal vez un poquito más. Leandro, a pesar de que le había contado mi vida de la A a la Z con toda la sinceridad que él merecía, me montó varias escenas de celos por aquel viaje.

Era la segunda vez que yo salía de Cuba con pasaporte rojo. Recuerdo que fue una sensación extraña. Como tenía vencido el azul, saqué uno nuevo y me lo llevé escondido en mi equipaje, porque el rojo que da el Ministerio bien sabes tú lo recoge el jefe del grupo para que nadie se quede. Al final había empleado la misma estrategia de unos años atrás. Tenía de mi lado la experiencia de Alemania y España, ya esta incursión era otra cosa.

Fueron seis meses en Quebec, impartiendo talleres y actuando en funciones pagadas por el ayuntamiento. Al regreso se suponía que tuviese lo suficiente como para comprarnos una casa decente. La verdad es que allí me concentré en doblar el lomo como una mula y eso fue lo que hice. Por lo general cuando eres madre, una buena madre quiero decir, pierdes ese egoísmo que te lleva de una locura a otra. En Quebec lo más vanguardista que hice fue fumarme dos o tres porros de marihuana, pero con control. Caía muerta a la cama, porque eran días de apalear burros y mentar santos.

Cuando ya faltaban pocos días para el regreso, yo había tomado una decisión: cruzar la frontera por Saint Justine y llegar al Yuma. Acogerme a la Ley de Ajuste y luego reclamar a Leandro y al niño, porque en el fondo, si había algo a lo que no había logrado acostumbrarme era a malvivir. Sí, realizada de cierto modo en lo profesional, pero cuando se acabaran el dinero y los tarecos, ¿entonces qué? Llamé a Leandro y le dije que le iba a escribir urgente por el correo de unas amistades para hacerle saber algo importante. Tenía que hacerlo por otro servidor que no fuera el de Cultura. Le escribí haciéndole saber con pelos y señales lo que pensaba hacer. De inmediato recibí solo estas palabras suyas: «Llámame lo antes posible, es importante». Me dijo, sin muchos rodeos, que mi mamá estaba en las últimas, que posiblemente no le quedaran un par de meses, que tenía metástasis en todo el cuerpo, el cáncer dormido por casi dos años se le había despertado para comérsela.

El celular se me cayó de las manos y me pasé varios minutos en un puro temblor. Cuando volví a llamarlo, le dije: «Olvida lo que te escribí, regreso en dos semanas». Aterricé exprimida y solemne como si mi madre ya hubiese muerto. Llevaba conmigo poco más de tres mil dólares. Leandro me esperaba tal y como habíamos acordado una semana antes. Ana Lucía estaba con nuestra madre, sin poder hacer mucho, rezando para que no se adelantara la partida de la vieja sin que yo estuviera presente. Según me contó Leandro cuando ya estuvimos fuera del aeropuerto, la había dejado con un balón de oxígeno puesto en su cuarto. Decía él que me llamaba y que tenía miedo de morirse sin que yo la viera con algo de conciencia. «Tienes que ponerte dura porque el final está cerca», me dijo secándose una lágrima con el dorso del pulgar y tratando en vano de recomponer la voz. Entonces me mostró unos videítos que le había hecho al niño antes de salir, y aquello fue como una morfina para mí.

Mi madre, luego de una agonía que no me hace bien contar, se nos fue once días después de mi llegada. Pero pudo verme antes de cerrar los ojos como ella quería. Tuvo plena lucidez hasta el momento en que hizo el paro respiratorio. Murió en la casa que ella misma había levantado. Como le aterraban los hospitales, se apagó en su propia cama, consumida, con la piel pegada a los huesos, como si estuviera interpretando un papel ajeno que nunca le quedaría bien. No hubo últimas palabras, ni una despedida, solo el desvanecimiento visible de su presencia entre nosotros.

El 5 de julio de 2014 la sepultamos entre sus padres, tal y como ella había dejado claro en lo que interpretamos como su última voluntad. A estas alturas, supongo que no debe quedar mucho de su cuerpo. Pero eso ya no importa, no hace falta supervisarle a la Muerte un trabajo que ella, por sí sola, hace demasiado bien. A pesar de esa convicción que hoy tengo, durante varios meses no pensé en otra cosa que en cómo su armazón se descomponía en medio de una colmena de gusanos, en la oscuridad estrecha de su nicho familiar.

Unos diez días después, Ana Lucía me puso al tanto de un hecho que me dolió en lo más hondo: Leandro había preñado a una chiquita de su barrio. Una criatura que recién había cumplido quince. Tenía cuatro meses de embarazo y Leandro se iba a hacer cargo. Ana Lucía lo supo por una compañera de ella que era vecina de la mocosa. Mis amistades lo sabían, pero decidieron esperar a que pasaran algunos días de lo de mi mamá para soltarme la bomba. Por eso fue que yo, desde que lo abracé en el aeropuerto, noté a Leandro raro conmigo. En ese momento pensé que era por todo lo que estábamos viviendo en el plano familiar, porque si de algo estoy segura es que él realmente quería a mi mamá y que ella lo tuvo, hasta el último momento, en el lugar de un hijo. Ana Lucía me soltó esa granada en lo que él andaba trabajando el bici.

Después de la comida puse la cafetera y prendí un cigarro. Leandro y yo nos sentamos en la cocina y le solté en seco: «Lo sé todo, no tienes que darme explicaciones, solo dime qué vas a hacer». «Primero pedirte perdón, luego saber si vas a dejarme por esto», me dijo secándose las lágrimas, pero con una serenidad de Antonio Maceo. Lo abracé y no dije nada. Tú y yo bien sabemos que una función importante de la palabra es también incomunicar, gangrenar cosas que solo el silencio puede poner a salvo. La solución fue hacerlo ahí mismo, dejar que el sexo resolviera lo que la razón no podía. Singar, yo creo que no existe una palabra más curiosa, más extraña.

Cuando ya pudimos hablar del tema con naturalidad, sin tapujos, Leandro me dijo que iba a hacerse cargo de la criatura como correspondía a un buen padre. Quedamos incluso en que yo lo iba a ayudar en todo lo que pudiera. En verdad no le guardaba rencor. Apenas me enteré no pude sino perdonarlo sin hacerme la ofendida, sin formar una corte marcial para juzgarlo, sin pronunciar la palabra «traición», que es la bandera predilecta de los resentidos que adoran hacerse las víctimas. Leandro estaba desconcertado con mi reacción. Durante toda su vida, lo que él había visto era puro chancleteo de barrio, escándalos, jaleos de greñas, latas de mierda lanzadas, machetazos, en fin, que era la primera vez que veía un gesto de altura. Pero lo fula entre nosotros no terminó ahí: una tarde llegó sin el bicitaxi, dijo que se lo habían levantado en un pequeño descuido, cerca del Infantil, que lo había reportado a la policía, pero ni hacerse ilusiones con que apareciera. Me puse hecha una fiera, porque ya lo que sentía era que Leandro estaba perdiendo carácter, sentido común. A la semana compramos otro bici en seiscientos fulas. La situación pareció calmarse, pero pasado el mes, me di cuenta que faltaban casi cuatrocientos en la caja donde los teníamos guardados. Hablé con Fernando, un exfiana del barrio al que tú debes haber visto porque a cada rato estaba tomando café en mi casa. «Te doy cuarenta fulas para que me averigües todo lo que hace Leandro, con quién anda y en qué, en fin, cualquier movimiento extraño».

Se guardó los dos billetes de veinte y me dijo que en tres días lo llamara a su casa, que me iba a tener noticias. Al tercer día lo llamé al salir del Teatro, desde el fijo de la recepción. No me dejó ni terminar de preguntarle cuando me dijo a bocajarro: «El hombre anda en malos pasos: peleas de gallos y apuestas. El bici que supuestamente le robaron, en verdad lo perdió con un mal tiro de dados. Y dicen que todavía sigue perdiendo plata en las vallas clandestinas». No podía creer aquello, yo esperaba que anduviera metiéndose la plata con pelandrujas de barrio.

Cuando terminé de hablar, la recepcionista tuvo que darme agua. Era llanto y temblor a un mismo tiempo. Traté de serenarme y fui por Víctor a casa de la señora que lo cuidaba. Eché toda la ropa de Leandro en un saco de *nylon*, escondí el dinero en otra parte y me senté a esperarlo. Apenas entró le dije: «¿Qué, ganaste o perdiste hoy?». Se hizo el desentendido. Intentó negarlo todo, pero luego rompió a llorar pidiéndome perdón. «No soy una máquina de perdonar, ya lo tienes todo recogido, solo falta que te vayas». Y agregué que estaba perdiendo su tiempo, que tuviera un mínimo de dignidad. Quiso llevarse el bici y de la rabia cogí un cuchillo.

El niño empezó a llorar y tuve que encerrarlo en el baño para poder manejar la situación. Leandro alzó las manos en señal de rendición, dio dos pasos atrás y dijo calmado: «Okey, tú ganas, pero te juro que yo lo que he hecho es intentar luchar por los tres, poner lo mío en todo esto». Cargó con su saco y salió a la calle. Los chismosos del barrio estaban todos afuera, como un ruedo de tiñosas. Yo cerré la puerta, saqué a Víctor del baño y me derrumbé en llanto. Luego me calmé un poco, sobre todo por el niño, que no tenía culpa de nada y estaba recibiendo toda esa mala energía.

Ana Lucía llegó tarde esa noche. Nos dieron cerca de las tres de la mañana conversando. Al otro día no fui a trabajar, estaba hecha mierda. Era como si la historia se repitiera: tú bien sabes que el cabrón de mi padre cayó en lo mismo cuando nosotras éramos chiquitas hasta que tuvo que desaparecer porque andaban buscándolo para echárselo. Y todo parece indicar que o está muerto o todas esas deudas le sirvieron de motivo para volar como Matías Pérez. De momento me sentí tan sola y perdida como en esos días de Alemania y España. Tomé entonces la decisión de irme definitivamente de Cuba en busca de un mejor futuro para Víctor.

En octubre me enteré de que el Ministerio había cancelado el intercambio con Canadá, cosa que había sido mi esperanza para dar el salto. Nunca se supieron las razones, algo gordo debió ser. De un momento a otro todas las puertas se habían cerrado, lo que sí tenía descartado era lanzarme al mar, bien sabes el respeto que le tengo. Muy bonito, muy romántico el mar, pero de lejos o en las películas.

La vida tiene a veces un modo raro de acomodar las cosas. Mira lo que sucedió con mi madre en el momento exacto que yo tenía todo listo para dar el brinco. Recuerdo que una vez fui con unos amigos canadienses a Saint Justine, un pueblo fronterizo. No fue una visita planeada, sino fruto del azar. Yo estuve ahí, vi las luces del lado gringo, las chapas de los carros que cruzaban sin miedo ni ceremonia. Esa tarde, con tres jarras de cerveza encima, tuve los arrestos de cruzar con lo que traía puesto, pero esa fuerza que te empuja o te detiene, lo cambia todo. A mí me detuvo. Sabe Dios si lo de mi mamá es solo una de las razones y el resto las vaya averiguando por el camino. Pero cierto es que me quedé con la imagen del Yuma incrustada en la cabeza, como un hambriento al que le arrebatan el plato de comida antes del primer bocado. A veces pienso que todo no es más que un capricho, una alucinación voluntaria con un costo demasiado alto.

En noviembre de ese año, Hugo Barrero logró un amarre para que el grupo se presentara aquí en Ecuador. Entre una cosa y otra, nos llevó casi todo diciembre el rollo de las visas, hasta que, por fin, en los primeros días de enero, teníamos ya los pasajes y el resto de detalles coordinados. Como tres o cuatro muchachos del barrio habían venido para acá, para de aquí ir subiendo hasta el Yuma, tomé la decisión de arriesgarme y venir para hacer lo mismo, porque a pesar del riesgo, es la única opción antes de que cierren la frontera con México y se termine este bayú como terminan todos los bayuses. Estaba y estoy consciente de que es un trance duro, de que se ven horrores de todo tipo y que el peligro es real porque cae uno en manos de gente de la más baja ralea. Pero hay pasos que, si te detienes a pensarlos mucho, no los das. La prudencia, muchas veces, es la más mala de todas las consejeras, peor incluso que la misma soledad. Yo tengo en Miami a una buena amiga, se llama Zoe, no es millonaria, pero está allá con su familia y le va realmente bien. Me dijo que puedo contar con ella para cuando llegue quedarme en su casa, hasta que logre conseguir un trabajo que me permita pagar renta y vivir decentemente. Espero que no me falle, es una amiga fuerte de los tiempos en que yo empezaba con lo del teatro, se fue hace como diez años y, hasta donde he podido ver, no se ha tomado la Coca Cola del Olvido.

Dos o tres días antes de salir para La Habana fui al cementerio a ponerle flores a mi mamá y a pedirle que me acompañara en todo el camino. Luego le dije a Ana Lucía lo que tenía planeado hacer y le pedí que se hiciera cargo de Víctor hasta que yo pudiera llegar, hacer papeles, encaminarme y reclamarlos a los dos. Mi hermana me confesó que le parecía la mayor de las locuras, pero tenía su apoyo. Que con lo de cuidar a Víctor contara con los ojos cerrados, irse ella era otra cosa, una decisión que había que pensar mejor. Me dijo que ella tenía aquí un buen contacto, un matrimonio de médicos bien posicionados en Quito. Nos abrazamos llorando. No sé si de felicidad o de pena, solo sé que esa noche dormimos a pierna suelta.

Al otro día le pedí a Fernando, el exfiana, que me ayudara a vender el bici. Por la tarde ya había un comprador con quinientos fulas en billetes de veinte. Era un oftalmólogo que había regresado de Arabia Saudita y quería invertir. El tiempo que faltaba lo dediqué a recopilar las cosas que me hacían falta para el viaje. Cambié los CUC en verdes aprovechando que estaban a 97. Compré analgésicos y antibióticos por montones, vendas, curitas, agujas, hilo. Aproveché y conseguí tus coordenadas con unas amistades. Me pasaron tu número de celular, pero estando acá la operadora me decía que el número marcado no existía. Lo bueno es que ahora te tengo enfrente. He zapateado bastante, pero míranos aquí, en la Foch, bajando un trago como Dios manda, y tú, por el momento, oyéndome toda esta perorata.

Hostal Urabá, Turbo, noroeste de Colombia, 26 de junio/2015

1:18 a. m.

Turbo parece el escenario exacto de esos malos cuentos que García Márquez metió de relleno en la *Cándida Eréndira*. Hay demasiados cubanos aquí, demasiada gente sin dinero queriendo salir de este infierno. Y no solamente vienen desde Ecuador, sino que llegan de Venezuela, Guyana, Surinam. Lo mejor será seguir hasta Necoclí y luego hacer el resto del camino hasta La Miel con Machete, un coyote panameño que Indira acaba de contratar. Aquí se respira aire de mafia. Huelo a distancia las aletas de tiburón, pero reconozco que ellos tienen mejor olfato para nosotros. Nos calculan por el silencio, la forma de caminar, el síndrome de persecución que casi todos hemos desarrollado en el tránsito por este país que nos ha mostrado su peor cara. En qué manos será mejor caer, ¿los lancheros o los coyotes? Todos me parecen sospechosos. En manos de unos u otros estamos igual de jodidos.

Indira duerme de costado, de cara a la pared. La verdad es que no sé cómo puede dormir con el calor y los mosquitos, que parecen como mandados a completar esta prueba. Lisbeth escribe en su diario, a la luz de una vela que le ha prendido a la Virgen, pero no creo que aguante mucho. Pablo ronca a sus anchas. Solo Karina y Luis Alberto cuchichean, pero no tardarán en apagarse. Todos estamos molidos por lo brutal de la caminata desde Apartadó hasta aquí. El sicote encerrado hace irrespirable el ambiente. Quisiera levantarme, echar todos los zapatos en un mismo bolso, ahogar ese vaho de inmundicia, pero no me dan las fuerzas y además reconozco que es inútil, porque ese olor gangrenoso se ha incrustado en las ropas, las toallas y las sábanas. Indira al parecer tiene pesadillas, pero no la sacudo con tal de no desvelarla. Mañana nos espera un día duro, pero al fin saldremos de esta ciénaga con cara de pueblo.

Ahora caigo en la cuenta de que estoy muy cerca del sitio donde Cervantes, Rodrigo y Juan Blasco son hallados medio muertos por los hombres de Pedro Alves, aquel capitán brasileiro tratante de esclavos. ¿Será cierta la vieja tesis de que el destino de todo fabulador es ser víctima de sus propias fabulaciones, convertirse poco a poco en rehén de la ficción engendrada?

Necoclí, noroeste de Colombia, 27 de junio/2015

4:34 p.m.

(Lisbeth, hablando en susurro)

Primo, puedes confiar en mí. Cualquier cosa que me digas, conmigo muere. ¿Qué pasó realmente con La Tigra? No me mientas.

(Javier, lanzando un largo suspiro)

Quería que me la singara, me llevó para una cabaña monte adentro, pero ahora mismo no sabría ni cómo llegar porque me pusieron una capucha.

(Lisbeth, intrigada)

¿Y...?

(Javier, con la voz quebrada)

No se me paró, así de sencillo.

(Lisbeth, compasiva)

Eso le hubiera pasado a cualquiera, nadie bajo presión funciona.

(Javier, con la mirada perdida en el horizonte)

Mira lo caro que me salió el chistecito, me molió La Tigra.

(Lisbeth, midiendo las palabras)

Supongo que de ahí vienen todos esos verdugones que traes.

(Javier, secándose las lágrimas)

La paliza fue lo de menos: me pasaron por encima cuatro tipos. Me jodieron para siempre, prima, no valgo nada. Yo debí haber hecho algo para que me mataran allí mismo, pero soy un pinga, no tuve los cojones.

(Lisbeth, llorando también)

No digas eso, primo; tú siempre serás tremendo tipo, pase lo que pase.

(Javier, con una sonrisa forzada)

Sí, lo digo, no valgo nada, me cagaron la vida, dejé de ser hombre.

Hotel Las Palmas, Necoclí, Colombia, 27 de junio/2015

1:13 p.m.

Indira me da una benadrilina para la alergia. Odio tomar pastillas, pero la coriza no me deja opción. Yo sabía que venir encerrado entre detergentes y jabones me iba a reventar. De nada me sirvió un pañuelo remojado en colonia para mitigar el efecto del viaje. Luis Alberto y Pablo están iguales que yo. Indira acaba de darles una benadrilina a cada uno. Parece que las mujeres son más resistentes a esos tóxicos abrasivos de los productos de limpieza. Karina y Lisbeth están como si nada.

La alegría del momento es que Javier llegó incluso antes que nosotros y que lo hemos encontrado muy cerca de aquí. Ahora está con unos santiagueros que lo acogieron sin conocerlo, solo por tratarse de un paisano. Aquí no cabe nadie más, el administrador dijo seis personas y de ahí no sale. Según dice Javier, La Tigra quería cogerlo de mula, meterle droga en los intestinos para transportarla a Perú y Brasil, pero consiguió escapar a tiempo, no sin llevarse sus buenos golpes. Aturdió con un palo a Drilo y al Buitre, y de esa manera pudo zafarse.

Abro el mapa de Colombia. Hago una línea imaginaria que une los puntos de la travesía que ya Indira me ha explicado antes. Según Machete, en tres días salimos de Necoclí. Me apendeja atravesar el Golfo de Urabá, pero no hay otra opción. Dicen que son cuatro horas de total incertidumbre en lancha. Lo primero es llegar hasta el último pueblo de Colombia que es Sapzurro, luego el propio Machete nos llevará hasta La Miel, primer pueblo de Panamá, al que se llega después de subir una loma descomunal, famosa entre todos los cubanos. Pudiendo llegar por mar, la loma se cruza para evadir los últimos controles de la policía colombiana. Una vez en La Miel, debemos coger otra lancha hasta Puerto Obaldía y de ahí una avioneta a ciudad Panamá.

Cierro el mapa y se lo entrego a Indira, que lo agarra a ciegas, pues escribe a alguien aprovechando las intermitencias de la wifi. «Menos mal que Ana Lucía y el niño están bien», me dice como si imaginara que deseo hacerle alguna pregunta. «Mañana se casa mi amigo Juan Carlos con su novia eslovena».

Aprovecho la conexión para comunicarme también vía WhatsApp con Eli y Dailín. Por suerte, mis padres se han tragado el cuento de que estoy en la selva con unos alumnos de la universidad, en un intercambio con un grupo de gringos que vienen a conocer la Amazonía. La verdad está sobrevalorada. Mentir evita todos los contratiempos que imponen las explicaciones inútiles.

Tal vez me va haciendo efecto la benadrilina. Párpados en riesgo de derrumbe. No ofreceré resistencia.

(Barra del Chelsea)

Estando en la terminal, ya de salida para La Habana, se apareció Leandro. Andaba hecho un guiñapo, sucio, y con una ceja partida. Me pidió que le diera otro chance, que no quería perderme, que yo era la mujer de su vida. Fue casi con mil fulas, a devolverme lo que había costado el primer bici y los cuatrocientos que había cogido de la caja donde alguna vez guardamos el dinero de ambos. Yo no quise aceptarle esa plata. Le dije que se la quedara, bastante tenía con el rollo del hijo que estaba esperando la pelandrujita de su barrio. No sé de dónde había sacado aquel fajo ni quise hacer conjeturas. No era que no lo quisiera, pero estaba convencida de que aquel hombre, por más que yo lo ayudara, traía un karma de atraso, una deuda impagable por atrocidades que posiblemente hiciera en otras vidas. Tú bien sabes que yo creo en la fuerza de esos arrastres invisibles. Tuve ganas de abrazarlo, pero las reprimí. Quise llorar, pero me contuve.

Los del grupo, en su mayoría, estaban casi borrachos en la sala de embarque de la Terminal 3. Para muchos era su primera salida de Cuba. Iban dándose chucho por cualquier tontería, diciéndome que iba demasiado seria, que si le echaba de menos al mulato. Después de una escala de poco más de una hora en Panamá, el vuelo aterrizó pasada la medianoche. Pero el rollo fue en el Control de Inmigración. No creían ni en los pasaportes rojos con que viajábamos, hasta que Luis Araque, el funcionario de la Fundación Sucre que estaba a cargo de recibirnos corroboró por teléfono la historia que había dicho Hugo a los oficiales de Inmigración.

Cuando salimos, estaba Luis Araque con un cartel que decía: TEATRO CUBANO. Acto seguido, nos llevó en una furgoneta para un hostal ubicado en el Centro Histórico. En la mañana, cuando desperté, me quería estallar la cabeza por el mal de altura. El encargado del hostal me dio un té de coca que me ayudó bastante. Salí en busca de una cabina de teléfono y llamé a mi hermana al Museo para contarle que había llegado bien y que todo estaba bajo control. Me dijo que Víctor estaba dando sus perretas y que no hacía más que preguntar por su mamá. Apenas colgué, en esa misma cabina compré un chip de Movistar y llamé a Migdalia, la doctora amiga de Ana Lucía. Quedamos en vernos en la entrada del Quicentro que da a Naciones Unidas, a las seis de la tarde. Pedí permiso y el de la carpeta del hostal me llamó un taxi.

Estuve un poco nerviosa porque pasaron veinte minutos y no aparecía la mujer con la descripción que me diera mi hermana. Cuando iba a sacar el celular para llamarla, apareció con el marido, disculpándose por haberme hecho esperar tanto. Subimos por una escalera eléctrica y nos sentamos en el Juan Valdés, que está en el mismo límite. Me contó cómo había conocido a Ana Lucía por los años en que mi hermana trabajaba en el Palacio de los Capitanes Generales como especialista de museo.

Le expuse sin rodeos mis planes de llegar a Estados Unidos. «Tranquila, tu hermana ya me explicó los detalles, mi esposo y yo le hemos tirado el cabo a mucha gente sin andar en juegos turbios, y tú no serás la excepción». Me propuso irme para su casa, convenimos en que sería mejor hacerlo al día siguiente, porque todas mis pertenencias estaban en el hostal.

Esa tarde, tratando de contener el nerviosismo, inventé que algo del almuerzo me había caído mal. Mis supuestos desastres estomacales siempre fueron una buena excusa. Me fui al hostal que quedaba a pocas cuadras del Teatro Sucre, donde habíamos comenzado a tantear las condiciones para el estreno de *Aire frío*. Dejé sobre la cama la maleta grande que contenía varios útiles de actuación, con casi todo lo que tenía adentro, nada de eso me sería útil en el nuevo camino que había decidido emprender. En una mochila grande que traía doblada eché algo de ropa práctica, los cosméticos, las medicinas, tangas y ajustadores. Metí una parte del dinero en un bolsillo secreto del abrigo y otra bajo la plantilla de las Adidas. Le di un beso a las fotos de Víctor y de la vieja que traigo siempre conmigo, y salí del hostal con absoluta compostura, como si fuese a volver en media hora. El de la recepción me preguntó si iba de viaje, contesté que salía a comprar unos vestuarios para la obra que ensayábamos. Era viernes, hacía un frío que me pelaba el bollo, amenazaba con llover y la calle era un hormiguero de gente que iba y venía por todas partes.

Cuando llegué a la Plaza Grande, Migdalia y Reynaldo ya estaban allí. Andaba cada uno con su bata y carpetas de trabajo encima. Me fijé rápido en que las batas estaban personalizadas, con los nombres bordados en la parte superior del bolsillo derecho. Migdalia me dijo: «Hablamos en casa, que esta zona es un peligro por más azules que veas de ronda». Reynaldo paró un taxi y le dijo al chofer: «La Florida, por el antiguo aeropuerto». Durante el trayecto pensé en las caras que pondrían todos, especialmente Hugo, cuando estallara la bomba, pero me distraje de mis ideas contemplando el neón de las luces, los modelos de autos que congestionaban el tráfico, y las fisionomías de rostros que era la primera y última vez que vería.

El arriendo en que vivían Migdalia y Reynaldo era literalmente una ratonera. Como Migdalia vio mi cara de susto, me dijo: «Esto es temporal, cuando levantemos presión nos vamos para algo decente, y si tú quieres puedes venir con nosotros». Aunque aquella pocilga le destrozaba el optimismo a cualquiera, la familiaridad de Migdalia logró calmarme. Tenía una sala-cocina, un bañito súper incómodo y un cuarto con puerta que era el de ellos. A mí me tiraron una colchoneta en el piso, me dieron una frazada bien gruesa y un calefactor para calentarme los pies. Sobre las ocho les pedí que me acompañaran a una cabina donde pudiera hacer una llamada local. Cuando Hugo reconoció mi voz, me preguntó entre jocoso y molesto: «¿Dónde repinga estás?». «Relax, Hugui, decidí quedarme, perdóname porque yo sé lo mucho que mi decisión te perjudica, pero no hay marcha atrás». Oí un suspiro al otro lado de la línea. «Yo sabía que me ibas a hacer esta mierda tarde o temprano, tú sabes que yo me paso por los cojones la política, pero esto no tiene perdón. Lo que me viene pa arriba es negro».

El domingo Migdalia y Reynaldo armaron tremendo fiestón. La música estaba a todo meter, había Bucanero y Habana Club para darle con el pie. No te puedo negar que bailé casino como un trompo. Me sentía relajada. Migdalia me había convencido para que guardara el dinero en una caja fuerte que tenían en su cuarto. Por seguridad le entregué dos mil dólares y me quedé con quinientos escondidos en un hueco de la colchoneta. Migdalia me había enseñado la combinación de la caja por si necesitaba la plata y ellos estaban en el trabajo o haciendo cualquier gestión. Sobre la una de la mañana los tragos empezaron a hacerme efecto, pero de ahí en adelante solo recuerdo que la música cesó y que Migdalia y Reynaldo me acostaron en la colchoneta y se me fue el mundo. Desperté como a las once, con una resaca como pocas había tenido. El piso estaba lleno de colillas, latas de cerveza y botellas. No me acordaba de casi nada, solo del barullo de la rumba. Me levanté como pude, fui al baño y luego toqué en la puerta de Migdalia y Reynaldo, pensando que estarían tan liquidados como yo. La puerta se hallaba entrejunta, y como no respondían, me asomé. En el closet no había ni percheros. En menos de diez minutos, se me había esfumado la resaca. Salí del cuarto y vi que el televisor y la nevera seguían en su sitio, pero se habían llevado ollas, platos, cubiertos, una plancha, también faltaba mi IPhone, que me había costado una fortuna.

Entre lo poco que habían dejado estaba una lata de sardinas y unas rodajas de pan viejo con media botella de Cola que ya había perdido el gas. En lo que comía, pensé que lo mejor era ir con el dueño del arriendo, que vivía al fondo en otra pocilga todavía peor. Le conté lo que había pasado a don Fausto Guachamín, que así se llamaba el propietario, quien en su incredulidad no cesaba de repetir: «No puede ser que los doctores le hayan hecho eso, no puede ser», hablaba con ese acento machacón que tienen aquí los indios viejos, y las manos sobre la cabeza como si fuera a jalarse las greñas. Le pregunté si les conocía parientes, o amigos que nos ayudaran a localizarlos, pero solo le habían dicho, como a mí, que trabajaban en el hospital Eugenio Espejo, Migdalia en Cardiología y Reynaldo en Urgencias. Deduje la mentira en el acto, porque ningún estafador da señas reales de su paradero. Aferrada de una esperanza inútil, decidí acompañar a don Fausto al hospital en una camioneta destartalada y sucia que olía a bicho muerto y a verduras podridas. El infeliz pretendía reclamarles los noventa dólares de ese mes de arriendo que todavía no le habían pagado. Sentí una gran pena por ese hombre que no se cansaba de mascullar frases incomprensibles en su lengua indígena.

Una vez en el hospital, ni rastro de Migdalia Rosabal o Reynaldo Barbán. Los departamentos de Cardiología y Urgencias jamás habían contratado médicos cubanos bajo esos nombres o con las apariencias físicas que narré detalladamente. Viendo don Fausto que los dos habíamos sido víctimas, me ofreció quedarme en el cuartucho por los mismos noventa dólares que había pactado con los «doctores». Me resultaba gracioso que, después de todo lo sucedido, siguiera dándoles ese trato especial. Como en medio del caos era lo mejor a lo que podía echarle el guante, decidí quedarme en ese cuchitril en donde sigo enterrada hasta el día de hoy. Pese a la futilidad del acto, seguía preguntándoles a varios compatriotas que merodeaban por la zona si conocían a una pareja de cincuentones con las características de Migdalia y Reynaldo. Uno que otro afirmaba conocerlos de vista, pero lo cierto es que ellos se habían cuidado de borrar sus huellas, y la gente solo me daba la respuesta que mi rostro desesperado quería escuchar.

Intenté buscar trabajo para recuperarme, pero donde quiera que iba, los tipos me miraban como diciendo: «Tú lo que estás es buena para ponerte a chonguear». Finalmente me apareció una pincha en El Floridita, un restaurante cubano que seguro conoces. Desde entonces doblo el lomo como una mula de carga por un salario miserable del que dos meses después todavía no he cobrado ni un céntimo, no mando todo a la mierda porque al menos lucho la jama diaria y las propinas de los clientes me permiten comprarme alguna chuchería o mis cajetillas de cigarros. Tampoco te echo esta muela para que me ayudes en nada, te lo digo para que sepas cómo y en qué lugar estoy. En el par de meses que llevo en El Floridita, mis mayores momentos de disfrute han sido ponerme a conversar con Luis García, un viejo de Ciego de Ávila, como de setenta años, al que le pagan por atender un local de películas. Pero no es cualquier viejo. Tiene pasaporte español porque nació en Islas Canarias. Sus padres lo llevaron a Cuba siendo un niño. En algo me recuerda a Manuel Cifuentes, aunque las diferencias entre uno y otro sean abismales. Es la única persona de esa calle que habla pausado, y sin el griterío bajo de la chusma. Según él, está ahorrando para ayudar a un nieto que vive en Cuba. Me he dado cuenta de cómo lo joden los gavilanes de la zona, diciéndole que si yo estoy puesta para él, que si yo lo que quiero es tumbarle plata, cuando en verdad lo que me inspira Luis García es una indescriptible ternura paterna.

Como hoy es mi día libre de la semana, me hice el firme propósito de que, sí o sí, daría contigo. Me levanté temprano y salí preguntando cómo podría llegar a la Universidad de las Américas, la famosa UDLA, hasta que di con la sede de Granados creyendo que era el único campus. Dejé mi pasaporte rojo al guardia, y en Secretaría Académica, después de mirarme con cierta desconfianza, me ofrecieron las coordenadas para que pudiera localizar Campus Queri, donde me informaron que radicabas.

Me dirigía hacia Campus Queri cuando te vi saliendo del cajero, con la cabeza doblada sobre la pantalla de tu IPhone y los audífonos puestos. No me salía la voz. El milagro es que estás aquí, ahora, frente a mí, y que, pese a todo, no acabo de creérmelo.

Cementerio de Necoclí, Colombia, 29 de junio/2015

4:08 p.m.

No esperaba una tragedia de esta magnitud. Algo muy duro debió sucederle a Javier para colgarse de esa manera horrenda. Quiero imaginarlo montado en su Peugeot cero kilómetros, que un gringo cualquiera le dé las llaves y le diga adiós con la mano en lo que entronca una interestatal llena de carros tan flamantes como el suyo. Si nosotros, que lo conocimos ayer, estamos hechos un saco de mierda, no quisiera encontrarme en la piel de Pablo y Lisbeth. La gran pregunta es cómo harán saber algo así a la familia, que lo hace trabajando como mecánico en Quito.

Indira y Karina intentan consolarlos, pero de nada sirve un consuelo cuando la herida es tan honda. Considero a Pablo y a Lisbeth más de lo que ellos mismos alcanzarían a imaginar. Yo no hubiera podido dar declaraciones a la policía, correr con trámites en un estado así. Sin que hablen, reconozco a unos cuantos compatriotas. Muchos se ven desconcertados, otros parecen mirarse en lo que podría ser su propio espejo. Machete le dice a Luis Alberto que hay más de cinco cubanos enterrados en este mismo cementerio, le pregunta si quiere que lo lleve a ver las tumbas. «Ahora no», responde Luis Alberto como convencido de que aparte de una mala idea, podría funcionar también como un mal augurio. El cura de ocasión corre con la liturgia de rutina y esparce incienso sobre el ataúd de madera barata. Entre dos sepultureros lo deslizan al interior de la fosa. Uno de ellos comienza a poner la correspondiente hilada de ladrillos. Solo reparo en el sonido carrasposo de la cuchara y en el pegoteo del cemento que, poco a poco, esconde el ataúd tras el tabique de mampostería fresca.

Lisbeth, ahora deshecha, ahogada en el hombro de Pablo. Pablo no suelta su vieja edición del Nuevo Testamento. «No te quedas aquí para siempre», musita Lisbeth entre dientes, tartamuda por la mezcla del hipo y el llanto.

Me resbala una lágrima.

Me erizo como un gato de tan solo pensar en el pobre Javier que se pudrirá en un lugar extraño, tan lejos de los suyos, sin nadie que le ponga una flor silvestre siquiera. Adiós, Javier, Michael Schofield o como quieras llamarte del otro lado, buen viaje.

Golfo de Urabá, noroeste de Colombia, 29 de junio/2015

4:08 a. m.

Calculo unos doscientos kilómetros por hora. Más o menos a esa velocidad debe ir esta lancha. La abordamos veinticuatro cuando debiéramos ir doce. «¡Agárrense bien fuerte!», aconseja Machete con aire de cascarrabias, virándose hacia nosotros con los ojos entornados. Nos cuenta con el índice y vuelve a su posición. Indira va aferrada a mí, tiesa del miedo. El mío no es menor. Don Quiyo acelera pese a los gritos de las mujeres y los rezos de los hombres. Es un cincuentón con imprudencias de adolescente. No hace más que reírse a carcajadas cada vez que la lancha da un panzazo en el agua. Los niños son los mejor portados en esta aventura.

La oscuridad, de tan perfecta, apenas deja ver el costurón de espuma que descose el motor. Pablo y Lisbeth van todavía compungidos y mudos por lo de Javier. Karina y Luis Alberto se han hecho novios: al menos un buen signo en medio de toda esta tragedia. Van besándose, como si fuésemos en góndola por un canal de Venecia, pero a la vez bien sujetos el uno del otro, conscientes del peligro. Nada deseo más que ver el sol, o al menos la claridad del día en despunte. Indira se ha relajado un poco, o al menos luce menos tensa que al principio.

Sapzurro-La Miel, frontera Colombia-Panamá,
30 de junio/2015

8:51 a. m.

No imaginé una perpendicularidad tan retadora como esta. Machete y su par de secuaces siguen loma arriba. Ahora mismo es imposible verlos por la irregularidad del terreno, la vegetación y el franco tramo que nos llevan. «Esto está de pinga, Alejandro Manuel», me dice Indira en lo que toma aire brevemente para seguir subiendo entre colgajos de raíces salientes, pequeñas chorreras y troncos de árboles jóvenes que nos sirven de asidero en medio del vértigo.

A un costado del farallón avisto un trozo de mar que es la playa de Sapzurro. «Lo que falta es negro», dice Indira en lo que se enjuga los goterones de sudor. Pablo, Lisbeth, Luis Alberto y Karina suben igual de reventados. Desde más arriba llega la voz de que Machete ha ordenado un descanso de veinte minutos y silencio absoluto en lo que dure la parada. Indira saca un pomo de litro y medio con agua de azúcar. Nos lo pasamos entre los seis con tal de combatir a tiempo la hipoglicemia. Una muchacha de veintitantos implora por una escurridura. Indira le echa tres cuartos del líquido en un vasito plástico. «Creo que no voy a poder, **no voy a poder**», repite ahogada la muchacha, que es rubia y tiene acento habanero, o de alguna provincia del occidente. El novio parece más asustado que ella. El rechinar sordo de las chicharras me produce una acentuada sensación de extravío, pero aun así termino sobreponiéndome.

Algunos que venían más atrás se han acantonado ahora al pie nuestro. No hay nadie que no traiga un brochazo de fango encima. La rubia habanera saca un frasco de salbutamol. No tiene fuerzas siquiera para agitarlo. El novio lo hace. La muchacha inhala el aire que parece calmarla unos segundos. Indira prende un cigarro y me mira de reojo. «Sé que esto es fatal, pero es lo único que ahora puede relajarme un poco», se adelanta anticipando con su franqueza mi regaño. «Bueno, después no te quejes», le digo en lo que intento no pensar, solo sentir los nudos del tronco donde estoy recostado, las hojas secas que el peso de mi cuerpo hace crujir pulverizadas, la resonancia profunda de los silbidos que intercambian los monos y los giros de solfeo en la partitura infinita de las chicharras, que si bien no favorecen la locura, al menos ayudan a diagnosticarla.

Corren la voz de que Machete ha ordenado reemprender la marcha, pero sin algarabías, porque bien sabemos quiénes son los dueños de esta franja de infierno. Otra vez la escalada, la tortuosa conquista de lo escarpado. Lo que más me molesta es el fango y los rápidos de agua que son parte del camino. Me falta un poco el aire, pero no digo nada. Hay de todo en esta subida: envases plásticos, jirones de mezclilla, brazos de muñecas, gorras, íntimas manchadas, ámpulas de dipirona, bulbos de insulina, blísteres de meprobamato y enalapril, silbatos, linternas, cargadores de celulares, latas de sardina abiertas, en fin, un concierto de agonías y desfallecimientos, un rastro casi secreto de una lucha feroz contra el destino.

Por aquí pasó Jorge Leyva el 16/06/15.

Si ven a Liudmila díganle que la amo, esto leo en tinta negra, chorreada y casi borrosa, sobre la carátula de una libreta escolar que tal vez el propio Jorge Leyva clavara en el saliente de una rama. «Vaya tronco de grafiti, de película», se burla Indira. «Sujétese de mí, abuela», digo a una anciana vivaracha que debe pasar de sesenta y cinco. Todos la miran subir tan boquiabiertos que nadie atina a ofrecer su mano. «Esther, mi nombre es Esther, no me gusta que me traten de vieja», apunta con una sonrisa amplia y dulce. «¿Cómo así usted en estos lances, abuela?», pregunta Indira con evidente indiscreción. Yo tuerzo los ojos haciéndole caer en cuenta de su evidente falta de tacto. «Nada, mijita, qué no hace una por los nietos», responde Esther en lo que se aferra a mi brazo. «¿Y anda sola?», insiste Indira. «Ando con Dios, mijita, que es el que me da fuerzas para seguir en esta locura en que me he metido», acota en lo que se seca el sudor con una toallita. «¿Le puedo llamar doña Esther?», pregunto reconociendo una inesperada dulzura en mi voz. «Sí, por supuesto, eso me da un caché que nunca tuve», manifiesta doña Esther en tono zalamero. «Salí de Cuba con unos vecinos del barrio, pero ellos se quedaron botados en Turbo, sin dinero ni nadie que les diera una mano, o les tirara un cabo, como dicen ustedes los jóvenes», añade con un aire intermedio entre la satisfacción y el fastidio. «Así que vendí mi casa, que antes fue la casa de mis padres para hacer este viaje que tiene una sola razón: ver a Flavio, mi único nieto, que está preso en una cárcel de Atlanta, desde los once años soy todo para él, porque la madre lo abandonó y al padre, que era mi único hijo, lo mataron en Angola. Gracias a Dios que mucha gente buena me ha tendido la mano desde Guyana hasta aquí, con todo y lo vieja que estoy parece que hasta los perros rabiosos me mueven la cola». Doña Esther celebra su propia broma. «Ahora mismo en Panamá está el nieto de una gran amiga esperándome para acompañarme hasta territorio gringo».

Me llega, como a muchos, la ráfaga de un tufo intolerable a carne podrida. «¡Un muerto, un muerto!». Un pequeño grupo se ha detenido a señalar el cadáver visible entre los matorrales de la ladera. Alcanzo a ver solo un bulto y muy escasos rasgos definidos, pero sí oigo, como todos, el zumbido de los insectos necrófagos que han formado un enjambre alrededor del difunto. «Que los niños no vean esta barbaridad», dice mientras se persigna una mujer gruesa que debe andar rayando los cincuenta. «Tendrán que asfixiarlos para que no sepan lo que está pasando», grita alguien que no consigo distinguir. Dos muchachos bajan a curiosear. «¡Es un hombre joven, y parece cubano!», dice uno de ellos cubriéndose la nariz con un pañuelo. El otro filma con su celular. «No sean degenerados, respeten a los muertos», exige una mujer de rasgos tan afinados como los del cadáver. «Lo hago pa ayudal, señora, este hombre debe tenel quién lo llore en Cuba», riposta el muchacho, por su acento ha de ser guantanamero o santiaguero. «A lo mejor colgando el video en Facebook alguien logra reconocerlo, este señor podría ser primo o hermano de cualquiera de nosotros», comenta Lisbeth en el tono de quien espera algún respaldo de la masa. «Sí, súbanlo a las redes, que nadie sabe quién puede dar aviso a la familia de este infeliz», dice la voz de algún *gay* que no logro identificar entre el barullo y la ola de comentarios. «Debe llevar más de una semana ahí tirado», agrega Luis Alberto en tono pericial. «Olvidaba que tú eres experto en estas cosas», le digo.

Machete ordena que sigamos subiendo, que nada podemos hacer por ese *ñampio*. «Estos tipos están curaos de espanto, para ellos es como ver a un perro comido de bichos en una zanja», comenta un cuarentón que hasta ahora no había abierto la boca. Uno de los secuaces de Machete ha bajado a agitar a los que se han quedado en franca parálisis por causa de la escena. Acaba de decir que ya falta poco para llegar a la cima de esa loma que han hecho bien en llamar Loma de la Muerte. Le apodan Piedra, un mulato encorvado y medio enclenque a quien nadie en su sano juicio creería capaz de ejercer el coyotaje.

Lisbeth luce un poco más calmada. Tiene abundante material de vivencias para vaciar en su diario. Hemos dejado atrás, casi por completo, al *non plus ultra* de los olores repulsivos. Mientras viva, llevaré ese hedor incrustado en la memoria, que es una mezcla de todas las inmundicias posibles y a la vez la superación nauseabunda de todas ellas. ¿Qué tipo de vida le habrá tocado vivir en Cuba para terminar así, devorado por insectos necrófagos y animales carroñeros? Ahora pienso que al menos Javier entró en la muerte con un amplísimo margen de dignidad en comparación con la suerte de este infeliz, tragado por la selva como otros tantos de quienes nada se sabe. El nudo en mi garganta aumenta su grosor.

Ayudo a doña Esther a pisar en firme sobre un cúmulo de raíces que sirven de escalón. Noto que va llorando, pero es un llanto sereno y estoico, resignado y sabio. «Usted es una guerrera, doña Esther, no se nos quiebre que va a llegar, y llegará bien a pesar de todas las pruebas que tenemos por delante», le dice Indira en lo que ella misma deja escapar un lagrimón.

Me mira y sonríe.

Nunca antes fue tan bella ante mis ojos.

Playa La Miel, nororiente de Panamá, 2 de julio/2015

5:52 p.m.

«Bueno, muchachos, voy saliendo, que quiero ver si como algo y luego echo una partidita con Luis Alberto», dice Pablo en lo que se da un último trago. «Pabli, no te vayas, relájate, que todo lo tuyo es biblia y ajedrez, ajedrez y biblia, no sé, descansa un poco, mira lo que pasamos subiendo y bajando la dichosa loma». «Prima, lo mío es tener la mente ocupada para no pensar tanto en lo que hemos vivido, en lo que tenemos por delante», contesta Pablo mientras gira de espalda y comienza a caminar hacia la orilla. Es como si le reprochara la voluntad festiva a Lisbeth con lo de Javier tan reciente.

El mar sigue apacible. La luz del crepúsculo reverbera en la botella con un parpadeo ámbar que me deslumbra a veces. Pablo se aleja en dirección al caserío hasta perderse en los trillos que se abren en el cocal. «Creo que yo también voy saliendo, no me gusta la noche en el mar, y además, no quiero llegar con resaca a Puerto Obaldía», le dice Lisbeth a Indira. «No seas aburrida, Lisbeth, no te vayas ahora, no hemos vaciado ni un cuarto de botella y ya te quieres ir, en el fondo eres más chea que Pablo», dice Indira intentando persuadirla. «Okey, solo un ratico más», responde Lisbeth con un entusiasmo temeroso. «Ahora que estamos aquí, sin pecar de chismosa, quiero saber algo», le dice Indira. «¿Cómo se las arreglaron tú y Pablo para dar a la familia la noticia de lo de Javier?», pregunta, se da un trago y le pasa la botella a Lisbeth.

Lisbeth empina el codo y coge aire. «Duro eso, Indi, muy duro, la verdad», arruga el ceño. Me llega su aliento perfumado por el ron, tal vez la calidez del agua me hace percibirlo así. «La verdad es que yo no tuve valor, fue Pablo quien soltó la bomba a nuestra tía, que dicen está como loca y que no para de maldecirnos. Esa misma noche volvimos a llamar y Pablo le explicó a un tío nuestro, que es médico, cómo habían sucedido las cosas, para que él, con un poco más de calma, se lo hiciera saber a la familia. Pablo y yo, estando todavía en Necoclí, la noche antes de coger la lancha, nos hicimos el juramento de que un día, cuando al fin podamos, vamos a ir a buscar los restos de Javier, para llevarlos a Cuba, no importa los trámites que haya que hacer ni el dinero que debamos gastar. Yo a veces no puedo dormir de tan solo pensar en lo que quedará de él, metido en ese hueco, comido de gusanos, tan lejos de casa. «¿Sabes?, Javier y yo descubrimos juntos el sexo, creo que hasta llegamos a enamorarnos, pero después yo me fui a estudiar a La Habana, tuve unos cuantos novios y la vida fue poniendo las cosas en su lugar, al punto de que jamás volvimos a hablar de lo sucedido en nuestra adolescencia, aunque más de una vez tuvimos el impulso de hacerlo». «Y en realidad, ¿qué crees que llevó a Javier a dar el paso que dio?, parecía un tipo mentalmente sano?», Indira se da otro trago y esta vez me pasa a mí la botella. «La verdad es que no lo sé, se llevó el secreto a la tumba. Javier, como mismo era un jodedor, fiestero y alegre, era muy reservado. Pablo y yo nos hemos roto la cabeza haciéndonos suposiciones, pero es mejor no desgastarse en lo que no tiene respuesta, al menos para nosotros. De hecho, ahora mismo yo prefiero cambiar de tema, porque ese en particular me deprime mucho, me hace sentir que nada en esta vida tiene sentido realmente».

«¿Te puedo dar un abrazo?», pregunta Indira a Lisbeth. «Sí, claro, creo que lo necesito». Las miro y tengo una erección. Indira besa a Lisbeth, que responde con naturalidad. Se acarician y besan al compás de las olas. «Siempre supe»... «No digas nada, solo vive el momento y déjate llevar», la ataja Indira. «Que Pablo no se entere; él es bueno, pero es un tipo retrógrado, no tiene la mente abierta para entender algo así», dice Lisbeth en lo que Indira vuelve a silenciarla con otro beso. Indira me toma de la mano: «Ven». Me acerco y noto que la marea ha subido un poco. Me doy un buche de ron, pero lo retengo y se lo paso a Indira en un beso. Indira se lo inyecta a Lisbeth con otro beso más delicado y suave. Lisbeth me mira como si entendiera el juego. Las abrazo a las dos. Beso a Lisbeth y sus labios rebasan la suavidad de lo soñado. Indira no se conforma y ahora es un beso tripartito, tres lenguas danzando en un mismo punto de deseo. Lisbeth pide la botella y retiene otra dosis de ron. Se la traspasa a Indira y esta hace lo mismo conmigo. Indira masturba a Lisbeth con una lentitud rabiosa en lo que yo me demoro en sus pezones. Me trago unas salpicaduras de agua salada en pleno acto. La masturba con un esmero profesional que no me es ajeno.

Deshechas las últimas franjas del crepúsculo, solo queda acatar el señorío de la noche, que es casi absoluto. «Mejor en la playa, aquí me da miedo», confiesa Lisbeth en un jadeo. «¿Supongo que pondrás esta escena en tu dichoso diario?», le pregunto bromeando. «No», me responde con la respiración entrecortada. Indira y yo seguimos afanados en nuestra perversión erótica. Solo se ven ahora las pocas luces de La Miel y algún pelícano extraviado que busca abrigo en el muelle derruido. Nadie en la playa. El mar es siempre el mejor de los testigos. Máxime si un hombre y dos mujeres desahogan sus instintos en la arena.

(Barra del Chelsea/Víctor Mideros y Algarrobos)

El Daddy Yankee chileno sirve otro Jack Daniels a cada uno. Indira llora. Imagino que la lágrima se le hará una estalactita en el rostro, pero sigue descendiendo. A punto de caer, empleo un recurso infantilmente sórdido, y pongo el vaso debajo de su mentón. La lágrima cae sobre un trozo de hielo semidesvanecido y yo remuevo el trago.

«No seas patético», me dice Indira, mientras suelta una carcajada, que es la consumación de alguna burla pospuesta. «**Nada de remordimientos baratos**, esta noche síngame, síngame como solo un dios podría hacerlo, sin violencia, con una ternura que me conmueva sin proponérselo, como si estos diez años fueran solo una pausa imprevista. No quiero nada de ti. Para que el mundo siga por donde va, solo tienes que singarme. Tal vez no lo seas mañana, pero ahora eres el capitán de este barco. Pide un taxi, que el resto ya ocurrió y solo falta recordarlo».

6 de diciembre y Eloy Alfaro.

Vamos en silencio, como disgustados de felicidad. Una felicidad que cabe en palabras pero que se desborda y es mejor no nombrarla. El taxista nos mira de reojo, queriendo calibrar la intensidad de cada caricia. Beso a Indira, la beso como si todo mi destino estuviese a punto de cumplirse. Extenuado el aroma de jazmín, solo queda ahora el vaho de un leve sudor, el traspaso inocente de una saliva que sabe ya a resina de clítoris y extenuación de amor. Pulso el botón y bajo el vidrio unos cinco centímetros.

Granados y Eloy Alfaro

El taxista se hace el desentendido, pero sigue consultando el retrovisor de reojo. Indira me la toca. Lo hace como si palpara una nariz de payaso a la que es preciso comprobarle el grosor.

Víctor Mideros y Algarrobos

El edificio a oscuras. Dailín y mi hermana andan de juerga o la pincha del restaurante las tiene reventadas. Son 4,50, pero pago con un billete de 5. El taxista me da las gracias, espera que pasemos la primera puerta del edificio y sigue de largo, como si fuera el futuro, incógnito y lleno de posibles vicios. El frío deja una leve pátina de escarcha en todo cuanto hay a su alcance. Indira insiste en besarme. Su saliva sabe a fondo marino, a la lepra del óxido que recubre un ancla. De su perfume de esta mañana no queda más que la ruina de un aroma, el vestigio de lo artificial derrotado por el triunfo de un sudor levemente ferroso, por el latigazo de seda que hay entre un pestañeo y otro.

7:00 a. m. Apago a ciegas el gorjeo electrónico de los pájaros que me despiertan. ¿Cuánto alcancé a dormir realmente? ¿Tres horas, cuatro? Indira tiene los ojos abiertos. Se vira hacia mí y me da un beso corto, sin abrir la boca apenas. Sonríe al mirarme. «Tengo que irme, empiezo a trabajar a las nueve y se me hace tarde», me dice sin añadir nada que presagie un próximo encuentro. «Solo quiero darme un baño, alcánzame una toalla y préstame un calzoncillo cómodo, tipo bóxer», me pide con una leve determinación autoritaria. Me levanto en busca de la toalla y el bóxer. Se pone de pie y entra al baño. Abre la ducha y al primer chorro comienza a tararear una canción, el ruido del agua no me deja escuchar si de Adele o de Amy Winhouse.

Puerto Obaldía-Ciudad Panamá, 8 de julio/2015

11:09 a. m.

El piloto acelera y la avioneta va tomando velocidad en la pista. De momento parece que fuera a desarmarse en pedazos. Siento el vértigo del despegue como un disparo de aire comprimido entre pecho y espalda, un leve susto que no tarda en disolverse. Me detengo a ver cómo se achica la sombra del ala en el asfalto. Verde terrestre, blanco espuma y azul grisáceo, se me hacen una misma franja tripartita que pronto queda atrás. Ahora se abre el Caribe en su gran vastedad, y allá lejos, esa línea de neblina volátil que es el horizonte. En una sola ojeada reúno a Lisbeth, Pablo, Luis Alberto y Karina. Es la primera vez que los veo plenamente felices. A pesar del ruido, se oye *Lucas y Lucía*, de Carlitos Varela. Pablo y Luis Alberto se retan con un cubo Rubik, Karina va jugando en su celular, Indira besa a un tiempo las fotos de Víctor y Coralia. Ajenas a nosotros seis van solo tres personas: doña Esther y un maricón que pasa de cincuenta, con su pareja, un muchacho estilizado y musculoso que tal vez no llega a veinticinco.

Indira guarda la billetera con las fotos. El maricón le pregunta si tiene un lapicero que le preste para anotar un número. Indira saca uno de su cartera y se lo ofrece con una sonrisa. «Me llamo Alberto, pero me dicen Betico», se presenta luego de devolverle el lapicero. «Él es Roly, mi pareja», le dice a Indira señalando al muchacho. El muchacho le extiende la mano a Indira: «Mucho gusto». «El gusto es mío», responde Indira.

Pablo le revela a Luis Alberto las estrategias básicas para armar el Rubik en menos tiempo, doña Esther casi termina de rezar con su rosario apretado en los puños. Betico ha comenzado a contarle su vida a Indira. Solo alcanzo a escuchar que tiene ciudadanía gringa desde hace más de diez años y que ha viajado a Ecuador tan solo para acompañar en el viaje a su Roly. Tal vez sea médico o enfermero, lo infiero por el estetoscopio que lleva al cuello. Indira lo escucha incrédula y sonríe. Betico saca un pasaporte azul oscuro con el águila imperial en el centro. Le muestra la hoja de identificación como tal vez lo haría el propio Osmel Sousa. «¡Esto es amor, querida!», le grita a Indira.

La llovizna hace que Panamá parezca una ciudad postapocalíptica, con sus rascacielos derruidos por el carcinoma de la niebla. Veo un enjambre de cargueros, yates y lanchas que pasan moliendo espuma en recurvas de trazo caligráfico, altas techumbres tono ladrillo, canchas de fútbol con dos colores guerreando, un gran cerro con antenas sembradas en lo alto, carros que van y vienen. Estamos cada vez más cerca del aterrizaje, hasta que por fin tocamos pista sin mayor impacto que el necesario. Aplaudimos como tontos, como los buenos tontos que todos somos.

Hotel Betania, Ciudad Panamá, 9 de julio/2015

3:03 p.m.

Apenas logro procesar lo que ha pasado. Con esta muela de por medio, jode que te jode, hinca que te hinca, es imposible pensar con un mínimo de decencia. Aún no me cabe en la cabeza que Karina y Luis Alberto nos hayan robado 1000 dólares. Indira no para de maldecirlos. No sé cómo adivinaron que el dinero iba en mis botas, siempre fui cuidadoso a la hora de sacar, tanto en Necoclí como en Puerto Obaldía. Indira, Pablo y Lisbeth han correteado media ciudad con tal de encontrarlos, pero ya deben ir bien lejos.

«El picamuertos y la porqueriza», así les dice Lisbeth ahora. Algo alumbró a Indira al guardar bajo llave sus botas. De haberse llevado las de ella estaríamos literalmente perdidos en esta metrópoli, todavía más grande y extraña que el propio Quito. No hubiera tenido más remedio que pedir refuerzos a Eli y Dailín, cosa que realmente no quisiera, por parecerme la más pura desconsideración. Con que las haya dejado solas es más que suficiente. Por suerte quedan unos mil ochocientos dólares todavía. «Ustedes nos tienen a nosotros, lo que tengamos se comparte, acaba de decirme Pablo». Lisbeth lo secunda asintiendo con la cabeza en lo que escribe en su diario. Por suerte, Lisbeth ha entendido bien la naturaleza de lo sucedido en La Miel. A veces siento que, sin confundir los términos, ese *menáge à trois*, en vez de alejarla, ha fortalecido su vínculo con nosotros. Si en algo es una maestra Indira, es en no viciar las cosas, en delimitarlo todo sin corsés ni separadores que afecten la flexibilidad de circunstancias futuras. «Mijo, Dios tiene sus mañas para las cosas, a veces hace que se te vaya un tren para que no te mates en el descarrile de más adelante», me dice doña Esther, que más bien está para recibir aliento que para darlo.

Indira abre el mapa de Panamá. Le explica a Betico y a Roly la ruta a seguir hasta Paso Canoas, la frontera con Costa Rica, esta vez sin intermediarios ni coyotes. «¡Tú eres la reencarnación de Juana de Arco, mi reina, una versión criolla de Lara Croft!... Pipo, dime si partimos o no el bate con aliarnos a esta gente, dime si tengo o no el muerto claro», chilla Betico con su artistaje *gay*, y luego abraza y besa a Indira. «Sí, estos muchachos son lo máximo», responde Roly con un fallido aire de potestad viril. Pablo frunce el ceño como diciendo: «Dios mío, dame paciencia». Suena el teléfono de Lisbeth. «¡Ahora es que aparece este singao!», grita refiriéndose seguramente al novio que vive en Tampa. Se encierra en el baño, tal vez para que no oigamos el tono meloso en que le hablará. No creo que esta noche me deje dormir la muela. Por suerte, los secuaces de La Tigra nos dejaron algunos blísteres de ibuprofeno y novalgina.

Un pequeño coctel no me vendría mal.

Dental Service, Ciudad Panamá, 10 de julio/2015

8:16 a. m.

Las zapatillas de Pablo me quedan un poco ridículas, pero cumplen su función básica. Encontrarle defectos hace ahora mismo que no repare en esto que no es ya dolor de muela, sino una tortura romana. Indira y Lisbeth han venido conmigo y cada una está concentrada en su celular, aprovechando el wifi del consultorio. Es como si estuviera en el corredor de la muerte. Sigo reparando en lo cheas que son las zapatillas de Pablo y en cómo pudo salir de Ecuador con semejantes adefesios. «Está operado del buen gusto tu primo», le digo a Lisbeth, que se echa a reír sin sospechar que se trata de una estrategia mía para burlar el dolor. Lisbeth se pone la mano en la boca haciendo un gesto de horror en lo que mira un video en la pantalla del celular. «¿Qué pasó?», la interroga Indira. «Se ha hecho viral el video del cadáver podrido que encontramos en la Loma de la Muerte», Lisbeth responde algo contrariada, como si reviviera el momento. «Creo que mi voz se oye en algún segundo de la grabación», prosigue Lisbeth con una estampa de parálisis en el rostro. «¡Mierda, qué duro, acabo de verlo! ¡Y saber que nosotros estuvimos ahí!», añade Indira sobresaltada. «¿Quieres ver?», me pregunta alargándome su celular. «Me basta con haberlo visto esa mañana, mejor no».

Siento que la muela me va a estallar en pedazos, que tengo el anca de un caballo resisto a herrar que me cocea en la encía.

Abre ahora la puerta un hombrecito de rasgos asiáticos con un nasobuco descolgado en el cuello. Parece el mismo Alberto Fujimori que ha venido desde Perú expresamente a sacarme esta muela. «¿El señor Castillo?», me pregunta en perfecto castellano. «Sí», respondo en lo que me paro y voy a su encuentro. Me saluda cordial y leo en su uniforme azul turquesa: «Dr. Hitoshi». A simple vista le calculo un poco más de cincuenta. En el acto conjeturo que es hijo de inmigrantes japoneses de tiempos de la Segunda Guerra Mundial. Se me hace raro que se dirija a mí en castellano y ahora mismo imagino a sus padres que bajan de algún carguero australiano y piden refugio en las oficinas del Canal. Para alejar el dolor, me desgasto en fabulaciones que no llevan a ninguna parte. El Dr. Hitoshi acaba de cambiarse el nasobuco. Me ordena en tono amable recostarme en el sillón. «¿Edad?». «Treinta y cinco», respondo. «¿Alguna enfermedad importante?», pregunta sin mirarme. «Ninguna, doctor, supongo que soy un hombre enteramente sano», le respondo con esa fanfarronería que deben odiar todos los doctores. Se pone un par de guantes y prende el doble foco que desde mi infancia me pareció siempre la luz al final del túnel. «Abra, por favor, y señáleme la muela», me pide cortés el Dr. Hitoshi. Abro y le muestro. «Veo que está restaurada, pero la calza tiene una filtración importante», me dice como si en verdad solo hablara para sí mismo. Murmura un código numeral que no retengo y lo anota en el registro donde asentó mis datos. «Tengo que retirar la calza para ver en qué condición está la muela por dentro», me dice como esperando mi permiso. «Hágale», le digo con la lengua entorpecida por su propia mano. Me quita el empaste con una herramienta que tiene la punta en forma de gancho. Lo siento como una piedrita alojada en la encía. «Escupa», me dice amable el Dr. Hitoshi. Siempre me han parecido asquerosos los escupideros de dentistas, pero este es como nuevo, sin ese sarro que he visto de modo constante a lo largo de mi vida. Escupo y es como un fragmento de porcelana chamuscada. Milagrosamente ha dejado de dolerme. El Dr. Hitoshi se ha detenido a revisar con cara de quien manipula un cadáver de tres días. «Por su bien, lo mejor es extraerla, sería en todo caso una solución práctica», me dice en tono de consejo. «Hágale», le digo con la natural torpeza de quien tiene medio puño ajeno en su boca. «Procedamos entonces», me dice sereno. Imagino una cinta transportadora con miles de dientes, muelas y cordales extraídos por el Dr. Hitoshi. «Esto no duele, solo va a sentir un calambre denso en la mandíbula que llega tal vez hasta el pómulo», me informa en lo que saca de una maletica plástica una jeringa. Tiemblo como ante un pelotón de fusilamiento. «Abra, por favor», me dice amable. Me pincha y el calambre es casi inmediato. «Ahora siéntese en aquella butaca y esperemos unos minutos», me recomienda el doctor Hitoshi, que ahora es un samurái experto que desenvaina la catana. El efecto de la anestesia es rápido, intento masticar y es como si ese lado no perteneciera a mi cara. Tampoco podría decir nada inteligible porque tengo media lengua adormecida. Pienso en lo útil que sería para muchos gobiernos esta dosis en calidad de paralizante verbal, pero directo en la lengua. La memoria me intercala un gran retrato de George Orwell, pero lo reprimo y lo sustituyo por *La gran ola de Kanagawa*, que no está en mi registro de imágenes fósiles, sino colgada al pie de un título universitario en la pared. «Abra y no tenga miedo», me dice el doctor Hitoshi, compasivo ante mi terror crónico. Ríe como si pensara, para sí mismo, algo obsceno en japonés.

El doctor Hitoshi me desea una feliz recuperación y una vez más me recuerda qué no debo hacer en los próximos días. Me muevo la torunda con la punta de la lengua, impaciente por explorar el espacio vacío y luego el pequeño tapón de sangre en la encía. Ha disminuido el efecto de la anestesia, pero aún persiste el calambre en el pómulo. «¿Sentiste algo, te dolió?», me pregunta Indira. «Solo el pinchazo, ese doctor tiene pulso de samurái», alcanzo a decir con la lengua todavía trasnochada. «Todo el mundo está compartiendo ese video asqueroso en Facebook», nos dice Lisbeth sin levantar los ojos de la pantalla, deslizando compulsivamente el pulgar derecho sobre el vidrio. Tan solo levanto las cejas y suspiro. Indira me pide el comprobante y paga el costo de la extracción. Nada mejor que este aire de mar que ahora se lleva para siempre el molde de nuestras caras. «Ya lo identificaron, es un tal Miguel Ángel Godínez, de Sagua La Grande», añade Lisbeth con aire sonámbulo. «Cambia la emisora, mi china, que eso lo que hace es estresarlo más a uno», le dice Indira en tono de regaño. Lisbeth pone mala cara y guarda el celular. «Hay que comprarte unas botas fuertes y cómodas, después regresamos a la guarida, no hay tiempo que perder», me observa Indira en lo que un taxista responde a su seña. Espero sanar rápido, no frenar la marcha del grupo por mi causa. Aunque no lo quiera, tengo que llamar a Quito y pedir refuerzos.

Sucursal Western Union, Ciudad Panamá, 12 de julio/2015

9:07 a. m.

¿Quién le envía?
　Elizabeth María Castillo Espinosa.
　¿Desde dónde?
　Quito, Ecuador.
　¿Cantidad?
　Dos mil dólares.
　¿Código?
　542-112-3529.
　Un momento, por favor...

Villa Rosario, suroeste de Panamá, 12 de julio/2015

4:40 p. m.

Pablo lleva horas absorto en el panorama de carretera. Le dejé la ventanilla porque no creo que nada me distraiga realmente. Es bello y delicado mi pesimismo, lo sé. Las carreteras me aburren y no me parece que haya algo nuevo que ver en ninguna de ellas. Mañana tendré la opinión contraria, pero ahora quiero pensar que esa es mi convicción. «Es en nosotros donde los paisajes tienen paisaje». Lo único cierto y de una real belleza esotérica es que ahora doña Esther se ha dormido en el hombro de Indira y que ella le acaricia la cabeza, muy suavemente.

San Félix, suroeste de Panamá, 13 de julio/2015

6:26 a. m.

Pablo y Lisbeth conversan en voz baja mientras caminan. Lisbeth se ve llorosa, pero al mismo tiempo sonríe. Betico le pasa un cigarro a Roly. Pone la mano en biombo y se lo prende de un solo chasquido. Únicamente alcanzo a oír sobre un dinero que alguien debe ponerles desde Austin. Indira y doña Esther vienen saliendo del baño. Doña Esther le cuenta algo sobre el nieto preso en Atlanta. Un novelista no es más que un chismoso con una pizca de ética en el mejor de los casos, oigo y veo, no logro deshacerme del vicio de escudriñar en vidas ajenas... De no ser por el par de bocaditos que acabé de acomodar en la tripa, estaría ahora mismo mareado entre tantos vendedores ambulantes que pregonan café, chocolate, frituras y refrescos.

Al chofer del bus no lo he visto salir del baño, ya vamos para casi veinte minutos en esta parada y dijo serían diez. Me desespera estar tan lejos todavía de la frontera tica. Nunca pude dormir bien en movimiento. Tal vez sea mi exceso de autoconciencia lo que me lo impide. Mejor compro un café para ahuyentar el sueño... Me guardo el cambio sin contar las monedas. Saco medio balboa y con el pulgar le saboreo los rasgos hipotéticos al conquistador. Saboreo también el café, pero no tanto. Con la punta de la lengua me toco el vacío de la muela en la encía. Ha cerrado bastante bien el hueco de la extracción. Ahora mismo se ha detenido ante mí un indio amulatado con un niño rubio que no debe rebasar los seis años. Se agacha frente al pequeño y le habla en tono persuasivo. Noto al salto que son cubanos y presto oído a lo que hablan. Se trata de una escena rara que ahora el resto contempla también. «Raudel, ahora yo soy tu papá y tu mamá... yo sé que es difícil, pero tienes que hacerme caso... lo que teníamos lo gastamos en el pasaje del bus, tienes que aguantar un poco más», le dice el hombre que, por su aspecto, debe tener unos cuarenta, o más. Voy a actuar, pero se me adelanta Roly, que ha comprado dos bocaditos de jamón y queso con un par de colas. «Mira, socio, algo es algo», le dice al hombre en lo que pone en sus manos el desayuno. «Mil gracias, bróder, tronco de salve, bendiciones», le dice el indio en lo que nos mira como si agradeciera a todos el gesto. Tiene los ojos aguados y no deja de tragar en seco. El niño se ve impaciente. «¿Qué se dice?», le pregunta con intención didáctica al chama. «¡Gracias, muchas gracias!», responde ya casi masticando el rubito. El chofer del bus por fin ha salido del baño. Viene pálido, secándose la cara con un pañuelo. Anuncia que en breve reemprenderemos viaje. Lisbeth se me acerca. «Ya casi termino tu *pasión colonial*... estás enfermo, enfermo de belleza... yo hubiera resuelto algunas cosas de otro modo, pero es cuestión de gusto personal... no me hagas caso», me dice con un medio abrazo en lo que junta delicadamente su cabeza con la mía. Es un gesto lleno de ternura y como tal lo asumo. Indira nos observa, pero sigue absorta en su plática con doña Esther, que no cesa de hablar sobre los trabajos que pasó para criar a su nieto ella sola. «Y tú, ¿por qué llorabas hace un rato?», le pregunto a Lisbeth. «Nada, que justo hoy Javier hubiera cumplido veintiséis, y como entenderás es algo que me pone muy triste». «Uff, duro el tema», le contesto entre asombrado y compasivo. «Las otras noches soñé con él», le digo intentando rehuir lo lúgubre del tema. «¿Y qué soñaste?», me pregunta como en espera de que le diga algo alentador. «Que andaba por mi barrio, arreglando un almendrón, y que llegó a mi casa a tomar café, era eso más o menos», le digo tratando de ocultar la mentira. «¿Estaba triste o alegre en el sueño?». «Normal, como era él», le respondo tratando de trivializar el infundio de mi propio sueño. El chofer arranca y pita. Todos vamos subiendo, pero ya con otro semblante.

El resto de pasajeros sabe o intuye que somos cubanos, y tal vez por eso nos miran como a bichos raros. El indio sube con el niño rubio de mano. Se sientan justo delante de nosotros. «Usted va a ver que usted verá», se queja Pablo por lo bajo. «De dónde son ustedes», le pregunta Indira al indio. «Yo de Las Tunas, el niño de Ciego de Ávila», responde amable. «Pero, ustedes no son familia, ¿verdad?», vuelve a preguntar Indira con esa indiscreción infantil que tantas veces le he reprendido. «No, es una larga historia», dice el indio con un suspiro y el tono de quien no puede hablar en ese momento. Indira le pasa un paquete pequeño de Oreo. El indio agradece con una leve inclinación de cabeza y las gracias. «Mi nombre es Indira, ¿y el tuyo?». «Libán, aunque todos me dicen El Mago», responde con la voz algo quebrada el indio. «El Mago, ¿y eso por qué?», insiste Indira. «Es que hace años me ganaba la vida haciendo trabajos de tornería por la mañana, y por la tarde animando bodas y cumpleaños con números de magia, es por eso», explica Libán con un cierto aire modesto. Indira parece, por el momento, satisfecha con su interrogatorio. El chofer por fin deja atrás a la jauría de vendedores y entroncamos de una vez la carretera. «¿Cómo se llama el pitufín?», pregunta doña Esther con su dulzura de siempre. «Pipo, dile a la señora cómo tú te llamas», le pide solícito al dictadorcillo. «Raudel Francisco Eguren Carballosa», le contesta el niño poniéndose de pie en el asiento, con cierto aire marcial y la boca repleta de trocitos de Oreo. «Épale, ¡qué nombre más bello tiene ese muñequito!», le dice elogiosa doña Esther. «Y ustedes, supongo andan en lo mismo que todos nosotros...», arroja Indira tanteando al Mago. «Sí, en lo mismo», responde el Mago con un hilo de voz apenas.

Chiriquí, suroeste de Panamá, 13 de julio/2015

7:33 a. m.

Ludovico Einaudi en mis oídos, a medio camino entre los orificios del audífono y el tímpano.

Seven days walking se desparrama con delicia.

Piano y violín de punta contra el monótono rumor del bus.

Pablo se reclina intentando conciliar el sueño.

Indira tiene abierto ahora el mapa de Costa Rica. Con ella en su Estado Mayor, Napoléon no hubiera perdido Waterloo.

Cierro los ojos y voy ahora hasta el Cuban Paradise, abro las neveras, reviso si faltan carnes, verduras, huevos o pulpa de frutas para los jugos, reacomodo las mesas y los adornos, doy los buenos días a los primeros clientes, le doy una nalgada a Eli y otra a Dailín...

Ludovico Einaudi es un compositor para emboscadas, para peligros que se viven o peligros que se recuerdan. He cogido la maña de verificarme el vacío de la muela con la punta de la lengua. No sé por qué rememoro al Dr. Hitoshi y la reproducción de *La gran ola de Kanagawa* colgada en su consultorio...

Con Pablo dormido, soy yo quien ahora se entrega a los dulces venenos del paisaje.

Casuchas y más casuchas.

Sembríos y más sembríos.

Vacas y más vacas.

Negras.

Blancas.

Beige.

Vacas mapamundi que corren como huyendo de los cartógrafos. Bien sé que la acumulación de imágenes precede a la consumación del sueño, pero no creo que lo alcance en plenitud.

El pequeño Raudel se ha puesto de pie en su asiento. Se vira hacia mí y me hace unas muecas terribles que tal vez son las del destino. Finjo dormir y el diablillo lo sabe. Se sienta, pero igual me espía desde la hendija entre ambos asientos. El Mago lo regaña. «Tú no eres mi papá», le dice en un tono cruel. Los niños son los peores verdugos, saben dónde y cómo herir. «No lo seré, pero soy yo quien te cuida y tienes que hacerme caso, ¿o quieres que te deje en la próxima parada solo y siga yo de largo?», le dice El Mago en susurro, pero con fuerza y ponderación de autoridad. «No, no, eso no», dice asustado el diablillo. Indira dobla el mapa de Costa Rica en cuatro y voltea la cabeza hacia atrás, hacia el fondo del pasillo. Le sonríe al Mago. Es una sonrisa de ánimo, el clásico «no te preocupes, todo va a estar bien».

Viro la cara hacia el paisaje.

Árboles y más árboles.

Pasto y más pasto.

¿Acaso habrá alguna carretera del mundo que no contenga esta rutinaria sucesión? Pulso otra vez *Seven days walking*. Ludovico, Ludovico, ¿qué haremos ahora que todos los paisajes se nos vuelven vitrales mutantes de un mismo caleidoscopio?

Paso Canoas, límite Panamá-Costa Rica, 13 de julio/2015

11:51 a. m.

He podido, hasta ahora, con todas las aberraciones de lo imaginario, pero con las fronteras, lo admito, me rindo.

Si eso que dejo atrás ahora es realmente Panamá, le digo adiós.

Si eso que viene por delante ahora es realmente Costa Rica, me doy la bienvenida.

Quiero un bosque, no el bosque de hace quinientos años, domesticado por la prefiguración de lo venidero, por la tinta de los mapas.

Quiero un bosque mental que lo indefina todo.

Lobby Hostal Paraíso, San José, Costa Rica, 16 de julio/2015

10:39 p. m.

(BETICO)
Indi, yo no sé, tú eres la cabeza de esta manada, pero, ¿será buena idea eso de no pedir salvoconducto y solo seguir subiendo por carretera?

(INDIRA)
Tal vez no sea la mejor, pero yo sí creo que es la más práctica. Ya he conversado con varios cubanos en el parque Morazán, y todo indica que retienen los pasaportes por muchos días con la intención de que gastemos plata, sobre todo en hostales, que los dueños se están haciendo ricos con la cantidad de gente que pasa por estos lugares. Dicen que hay un mano a mano entre la policía de migración y el sector hotelero de la ciudad, cosa que no descarto, y tiene hasta su lógica. Mirándolo desde ese punto de vista, entregar los pasaportes es retardar, mínimo, unos diez días el viaje. Se rumora también que Nicaragua está al cerrar la frontera porque ya somos demasiados cruzando... Lo otro que anda en el ambiente es que Obama está al quitar la Ley de Ajuste y, si eso sucede, el resto no tengo ni que explicártelo...

(BETICO)
¡Candela, mi reina, ahora sí tenemos que ponernos un motor!

(INDIRA)
Así mismo, querido, yo estoy loca por llegar de una vez, me duele la raja de tanta carretera....

(BETICO)
Bueno, tú sabes que, en Austin, tienen casa tú y tu novio, que si te soy sincero, me parece más raro que un murciélago albino, pero aquí la importante eres tú, mi reina...

(INDIRA)

Él es un poco retraído, pero no es un mal tipo, todo lo contrario. De todas formas, yo te lo agradezco de corazón, mi amigo bello.

(BETICO)

Sí, mijita, yo vivo más en el hospital que en mi propia casa. Mi mamá hasta hace poco estuvo clara y bien, pero ya tiene Alzheimer y la tengo en un ancianato con toda la atención que necesita. Con Roly no hay problemas ni puede haberlos, ¿quién, hoy, hace por alguien esto que yo estoy haciendo por él?

(INDIRA)

Bueno, de todas formas, lo que no queremos es causar ningún contratiempo, pero de antemano te agradezco otra vez por tu generosidad, eres un sol...

(BETICO)

No hay de qué, mi china, para eso estamos los amigos....

(INDIRA)

Betico, yo tengo curiosidad con algo, ¿cómo lograste que te dieran permiso por tanto tiempo en tu trabajo?

(BETICO)

Pedí una licencia, mi chula. La verdad es que en ese hospital me tienen respeto y muchas consideraciones: yo soy el cardiólogo que más tiempo lleva ahí, son más de quince años con solo tres faltas, un récord, ¿no? Además, allí no soy Betico, la pájara sin control, allí soy el respetable doctor Alberto Morales Ojeda, un tipo con voz de macho al que no se le ha visto ni esta plumita... De hecho, hasta tengo un matrimonio pantalla que me ha resuelto más de un problema, porque la heterosexualidad, como mismo es aburrida, ayuda a vivir con un poco más de tranquilidad. Con la que estoy casado es con una amiga mía lesbiana, que nos conocemos desde tiempos de la Universidad de La Habana, así resuelve ella y resuelvo yo, esa es la verdadera solidaridad con los pueblos...

(INDIRA)

Discúlpame, querido, pero, ¿no estás harto de vivir esa doble vida, con ese trabajo de cambiarte de máscara en un lugar y otro?

(BETICO)

Al principio me divertía, pero es lo que tú dices, vivir así me tiene harto. Yo no salgo del closet, no por miedo, sino por conveniencia. En el Yuma, que no es el Yuma sino la Llama, ser maricón tiene muchas desventajas, sobre todo si eres médico y trabajas en el sector privado. Si le caes mal, ya sea a un colega o a un paciente, tienen con qué reventarte con eso de que eres un inmoral y mezclas con el trabajo las inclinaciones de tu vida privada. Es cierto, vivo metido en la piel de un personaje, pero también vivo más seguro. Lo mejor es cuidarse, yo sé por qué te lo digo...

(INDIRA)

Bueno, de todas maneras, tú estás luchando por tu felicidad, y este viaje es más que una prueba...

(BETICO)

Yo no aguantaba ya, la verdad; hacía más de un año que Roly y yo habíamos empezado la relación, y solo nos veíamos por Imo o la rara vez que yo me escapaba un fin de semana a La Habana, hasta que le dije: «Pipo, tú te vas porque te vas, me quito el nombre si no lo logramos». Entonces lo saqué por Ecuador, nos encontramos en Quito, y míranos por dónde vamos. ¿Tú crees que si Roly no valiera la pena yo estaría corriendo todos estos riesgos? Roly tiene un corazón de oro y, además, ha sufrido mucho con su familia, sobre todo con su papá y sus hermanos, que siempre lo trataron como a un aberrado, un sucio. Pero deja que él haga su primer viaje a Cubita Bella, taqueao, con plata, con regalos para todo el mundo, que ahí sí lo van a querer hasta los perros, y ya nadie le va a decir «yegua», «profunda», ni esas cosas que nos gritan a los maricones cuando somos pobres. Así pasó conmigo, así va a pasar con él, porque así funciona la cosa en China y la Conchinchina...

*Autopista General Cañas, Alajuela, Costa Rica,
18 de julio/2015*

5:55 p.m.

(Alejandro)

Esthercita, usted dice que un sobrino suyo es quien va a recogerla a la frontera...

(Esther)

Eso es lo que tenemos previsto, si Dios quiere que ponga un pie en el País de los Malos. Ese sobrino mío es Julio, hijo de Germán, mi difunto hermano que se fue de trece años y volvió a pisar Cuba ya de viejo, cuando le faltaba poco para morirse. A Julito le di el dinero de la venta de la casa donde yo nací, y es él quien me va mandando de poco en poco para que yo haga mi travesía sin problemas. Ahora mismo está muy agradecido con todos ustedes por cómo me cuidan y me respetan. Si no fuera por él, Flavio estaría solo como un perro en Estados Unidos, menos mal que al menos dos veces por año va a visitarlo y se ocupa de él como si fuera su hermano mayor...

(Alejandro)

Y su nieto, ¿sabe que usted va en camino?

(Esther)

No, de ninguna manera. Ya le he dicho varias veces a mi sobrino que no puede abrir la boca. Yo le caigo a Flavio de sorpresa. Ponerlo al tanto de toda esta locura sería darle muchas preocupaciones. Lo mejor que hago es ahorrárselas. Aquí entre nosotros te digo: yo sí no vivo engañada, a él lo trancaron por tráfico de drogas, pero no es el monstruo que mucha gente de la familia cree. La gente siempre te ve como quiere verte. Flavio es un muchacho correcto y de buenos sentimientos, porque así lo eduqué yo, como a su difunto padre, que

Dios tenga en Gloria, solo que dio un mal paso, y un mal paso lo da cualquiera, ¿no es verdad?

(Alejandro)

Así mismo, Esthercita. Un tropezón lo da cualquiera, nadie está exento de eso... Juzgar es muy fácil, eso es lo primero que la gente hace.

(Esther)

Estás claro, mijo, y por eso me gusta tanto hablar contigo. Yo estoy vieja, pero todavía tengo algo de mente para entender las cosas, uno está de un lado hoy, y mañana, por H o por B, de otro. Mírate a ti mismo, que estabas cómodo en Ecuador, que no tenías necesidad de andar en estos corretajes, pero decidiste seguir a la mujer que amas y lo mandaste todo a la mierda. Pero no vayamos muy lejos: yo fui presidenta de CDR por más de veinte años, fui a actos de repudio, lancé huevos, latas de sancocho, y más antimperialista que yo ni Mundele el Gato, y ahora me toca presentarme al enemigo, como se presentó mi bisabuela a los españoles en tiempo de los mambises. ¿Qué no hace uno por amor, Alejandrito? Dime tú, que ahora lo sabes bien...

Solórzano y Valdivieso, norte de Quito, 27 de febrero/2015

1:31 a. m.

Tú ahora, moviéndote sobre mí.

Te mueves en círculos y te echas el pelo sobre el hombro derecho.

Te has puesto casi en cuclillas para que yo vea la frecuencia con que entra y sale. Me doblega casi un cosquilleo de pluma, pero lo tengo bajo control.

«Tienes la pinga rica, muy rica tu pinga», me dices entre desfallecida y rabiosa. Te corre el sudor entre las nalgas. Me encanta el gagueo onomatopéyico del sudor en la juntura de nuestros sexos al unirse. No sé si es una «y» o una «g» lo que se forma en esas rápidas intermitencias acuosas. Sigues moviéndote en círculos y ahora te cambias el pelo de hombro. Agudo el cosquilleo, pero aguanto la respiración y aprieto los glúteos.

«No me la des todavía, no me la des», me implora con un gruñido casi animal. El sudor sigue corriéndote entre las nalgas. Aumenta el gagueo onomatopéyico en que ahora adivino una «ch» o una «p» pulposa. La cama desata un lloriqueo que ayuda a germinar la flor carnívora del placer.

«Vendrás conmigo, vendrás conmigo», repites con un sollozo que es casi una carcajada.

«Dame pinga duro que ya te la doy», me dices casi llorando. Acelero el movimiento como el cigüeñal de un mecanismo a punto de destruirse. Separo las nalgas de la sábana y me muevo en el aire: me muevo con menos velocidad y más fuerza. Ahora combino velocidad y fuerza y toda tú empiezas a temblar porque te has venido con un estertor jurásico que no repara en la paz del vecindario, la inocencia de los niños o la escucha pervertida de los abuelos. Te has venido soberanamente en lo que ha comenzado la espera de mi turno. Te has derrumbado sobre mí y yo ahora acaricio la leve coyuntura de tus vértebras semiarqueadas. El gagueo onomatopéyico de nuestros sexos es ahora más espeso y gutural. Exhalas en tu sudor el vaho del añejo siete años. Me la oprimes rítmicamente con las paredes del coño agradecido. Es como si dijeras: «Estoy aquí». Yo mantengo la dureza y el grosor. Tú vas por más, pero antes siento en mi hombro la posible humedad de una lágrima. ¿O es un mínimo charco de sudor?

Víctor Mideros y Algarrobos, norte de Quito,
24 de febrero/2015

«¿Cuál es el colmo de un novelista?», me pregunta una voz infantil en la espesura del sueño.

«No sé», le digo.

«Vivir su propia novela y no poderla contar», sentencia como quien recae sobre lo obvio.

Monumento Mitad del Mundo, Quito, 3 de marzo/2015

11:09 a. m.

Tienes ahora un pie en el hemisferio norte y otro en el sur. Te he soñado tan perfecta que al abrir los ojos estás ahí, como una niña traviesa alzándole el párpado al dinosaurio dormido. Cuidado no pises la línea amarilla o ambos hemisferios terminarán trastocados, jugando a la confusión tal y como sucede con todo lo que existe. Lou, Lou Andreas, amo el suéter andino y el gorro de orejeras que acabo de comprarte. No te muevas ahora, deja que la cámara haga el resto del milagro. No te muevas, Lou Andreas, Indira, Indi, sé buena con el instante.

Teleférico de Quito, 9 de marzo/2015

11:37 a. m.

«Siento un poco de vértigo», me dices con la serenidad de una emperatriz destronada.

«Es normal, vamos muy alto, colgamos casi de la nada», te digo con un poco de ronquera.

«Abrázame», me dices en lo que volteas la espalda. Me asusta el silencio, la parsimonia de *serial killer* con que has aprendido a alimentarlo. El paisaje se nos infiltra en los ojos con la lentitud de un suero citostático. Al pie nuestro va una pareja, maltratando la distancia con los índices extendidos, desdibujando un edificio aquí, un campanario allá. Te miran. Te miran como suponiendo: «Tal vez está enferma esta carapálida». La gente común no sabe ver sin manosear verbalmente las cosas.

Apiádate de ellos, Rilke.

Apiádate de ellos, Pessoa.

Te abrazo completa en tu ligero grosor.

Al deslizarse, esta cápsula de acero y vidrio deja un frágil y momentáneo molde en la niebla. Trato de no parecer aferrado a este abrazo, pero realmente lo estoy.

Motel Lúmini, norte de Quito, 12 de marzo/2015

5:02 p.m.

«Es de la buena», me dices pasándome el porro con cierto ademán carcelario. «No te muerdas los labios, que vas a quitarte la pintura. Déjame a mí, yo te lo hago todo, me gusta este juego, pero nadie me deja jugarlo», otra vez me pasas el porro.

Me desabotonas los primeros ojales de la blusa y me reajustas la peluca, como queriendo preservar el disfraz. «Ingrid, quiero llamarte Ingrid», me propinas una leve bofetada. «Vamos, di: Soy Ingrid». «Soy Ingrid», respondo obediente. Absorbo el porro y te lo paso. «Di: Soy tu princesa». «Sí, soy tu princesa». «Eres mi puta, dilo». «Soy tu puta», respondo con un feliz mareo de relajación.

Terminas de desabotonarme la blusa besándome el cuello. Tengo una erección. Me restriegas el ajustador de copa y se dispersan los trapos con que tú misma lo habías rellenado. Me lo arrancas con fuerza y quedan a tu alcance mis tetillas. «Ingrid, Ingrid, mi princesita, mi puta», susurras. «Déjame a mí, no hagas nada», repites con voz de mandona. Tu lengua se ensaña en mis tetillas hasta convertirlas en dos pimientas dulces, dos pasas. Me quitas la minifalda y la tanga. Me la chupas cuidando de no morderla, sin perder la ternura. Le das otra calada al porro y ríes con una carcajada que degenera en tos. «¿De dónde sacaste este pingón, Ingrid?», me preguntas ya en fase de pleno vuele. «Me la prestaron para complacerte», digo y te aparto el pelo de la cara. «Sí, pero no te vengas ahora, Ingrid», me ruegas con la voz ronca.

El porro ha quemado un fragmento de sábana.

Un fragmento circular del tamaño de un dólar.

Tiro el porro al suelo y te abrazo, Lou, Lou Andreas.

Tú estás bocarriba, con los ojos fijos en algún arabesco invisible de la pintura blanca. Aún me queda algún fragmento de creyón en los labios.

Solórzano y Valdivieso, norte de Quito, 9 de marzo/2015

7:49 p.m.

Abre la caja, no muerde.

No tenías que molestarte con algo tan caro.

Este Samsung hace buenas fotos y le corren bien todas las aplicaciones.

No creo que yo merezca algo así.

Mereces más.

No lo creo, la verdad no lo creo.

No jodas y dame el chip, que ahora mismo entras al siglo XXI.

Parque Kennedy, norte de Quito, 15 de marzo/2015

10:10 a. m.

«Malafama le dicen, hermano», me observa Eli en lo que sigue lanzándole arroz a las palomas. Yo sonrío y suspiro con un gesto incómodo. Las palomas forman un círculo calidoscópico que por instantes es perfecto y luego se desbarata.

«Si tú quieres arriesgarte y confiar, yo no me meto, pero ya estás avisado», me dice Eli en tono de advertencia.

«¿Quién te dijo eso?», le pregunto percibiendo el temblor de mi propia voz.

«Mis contactos, gente que la conoce de atrás, la Stasi de los barrios que sabe vida, obra y milagros. Si te tragas el cuento de su autobiografía estás perdido, pero bueno, ahí no me puedo meter, ese campo minado es tuyo, tú decides si explorarlo con un dron o entrar en él a pata limpia. Ojalá y yo me equivoque, pero detrás de esto hay un plan».

«¿Qué plan puede haber?», pregunto entre desconfiado y risueño.

«Ninguno, hermano, eso tienes que averiguarlo tú, ya yo cumplí mi parte».

«Tampoco quiero hacerte sentir incómoda con ella en la casa y el restaurant», agrego con tacto de zapador.

«Para mí eso es lo de menos. Yo no tengo inconveniente en que viva y trabaje con nosotros ahora que la despidieron del Floridita. Dailín es joven y yo sé que los dos tememos en el fondo lo mismo, pero no se puede vivir con miedo, que Indira haya aparecido a esta altura del partido es algo que ya estaba escrito, una predestinación por más que tú montes el muerto de Philip Dick y te empeñes en decir que no hay un solo destino. Tú nos trajiste a este país, que con sus virtudes y defectos nos ha permitido abrirnos paso. Ni Dailín ni yo tenemos derecho a atormentarte con nuestros caprichos y majaderías. Vive y goza mientras puedas, cágate en el resto, hasta en mí, recuérdalo, hasta en mí que soy tu hermana...».

«Aun así...».

«Tranquilo, hermano. Mientras no te joda y no traspase el límite que tú sabes, todo va a estar bien entre nosotras. Te repito, yo no haré nada que te amargue este momento de tu vida. Yo mejor que nadie sé cuánto tú deseabas que sucediera lo que ahora está sucediendo...».

Suspiro y muevo el cuello en círculos... Lanzo el último puñado de arroz a las palomas. El sol las incendia con una llamarada oscura.

Pienso en Cervantes, sus últimos días en el Madrid portugués de 1616. Me despeina ya un aire de final. La ficción, siempre el búnker de la ficción. Buena manera de alejar el peligro, el miedo de que pueda cumplirse todo cuanto hemos postergado.

17 de marzo de 2015-17 de marzo de 1980

7:09 p.m.

Ahora que la enfermera se ha ido, me paro al pie de la incubadora. Veo el nombre escrito en la manilla diminuta: Alejandro Castillo. Posiblemente mañana lo devuelvan a los brazos de la madre. Ahora es rosado y trasparente, como una cría de puerco espín. Tiene los ojos cerrados y casi esboza una sonrisa. Entre todos sus destinos posibles, tal vez escoja el que ahora mismo me sé de memoria o tal vez otro que de ninguna manera sospecho. Ahora se ha ladeado y no logro ver el nombre completo escrito en la manilla. Ensaya el impulso de un grito, pero comienza a gorjear como si una fuerza extraña lo hubiese acallado. Tiene el sueño esponjoso de un topo. El padre observa desde el vidrio exterior. Seguramente me ha confundido con uno de esos médicos que pasan de ronda. Alzo la mano y me devuelve el saludo. Misión cumplida, es hora de regresar y abrir los ojos. Acá lejos también es la noche. Eli, Dailín, Indira, brindemos mientras podamos, amémonos mientras haya una piel con que remover la cáscara de la nuestra.

Friends Club, Puntarenas, Costa Rica, 20 de julio/2015

11:38 p.m.

(Betico)

A ver, Mago, voy a ser directo: nosotros no te invitamos a darnos un trago porque tú nos intereses ni la cabeza de un pato, así que baja tu guardia heterosexual y escucha: el que nos interesa, para bien, es el niño, estamos chochos con Raudel desde que lo vimos en Panamá. Nosotros oímos algo de que él perdió a los padres en Colombia, y que tú, por buena voluntad, te has hecho cargo de él, ¿cierto o no, Mago?

(El Mago)

Cierto, así es... pero yo ya sé por dónde ustedes vienen, mejor me paro y me voy al hostal.

(Roly)

Tranquilo, Mago, eso que hiciste por el chama habla muy bien de ti, mis respetos, pero no te vayas sin escucharnos, nosotros somos como somos, pero no tenemos lepra ni somos unos retorcidos, tranquilo, Mago...

(El Mago)

Okey, hablemos entonces...

(Betico)

Ya que has tenido la gentileza de quedarte, cuéntanos qué pasó realmente con el niño y sus padres...

(El Mago)

Los padres salieron con él de Ecuador, pero yo los vine a conocer en Pasto, Colombia. Eran de Ciego de Ávila, Nersys y Alexander, buenísimas personas, él ingeniero químico y ella enfermera. Ninguno de los dos llegaba a los treinta. La cosa fue que hicimos amistad en el camino y en pocos días yo llegué a sentir un cariño inexplicable por los tres. Me prestaron dinero, confiaron en mí, en fin, me trataron como a alguien de la familia. Yo siempre tenía un número de cartas o pañuelos con que distraerlos de las desgracias del viaje, sobre todo a Raudel, que por esos días lloraba mucho. Llegamos a Turbo y en menos de dos días cogimos la dichosa lancha que debía llevarnos hasta Sapzurro: en pleno Golfo de Urabá la lancha se partió en dos porque al parecer chocó con un arrecife, y solo sobrevivimos los pocos que sabíamos nadar. Nersys y Alexander se ahogaron y no pude hacer nada porque era de madrugada. Al partirse, la lancha nos lanzó a unos por un lado y a otros por otro. Por suerte, Raudel cayó cerca de mí y yo pude evitar que se ahogara. Fueron los momentos más duros de mi vida, de eso no me cabe duda. De los veinticuatro, solo quedamos ocho, aferrados a los pedazos que quedaron de la lancha. Así estuvimos flotando hasta que al mediodía nos encontraron unos pescadores que nos llevaron de regreso a Turbo. Partía el alma ver a Raudel preguntando por su mamá y su papá, a llanto vivo día y noche, no sé cómo no me volví loco, nunca la vida me había puesto a prueba de ese modo. Empecé a trabajar de friegaplatos en un restaurant y Raudel se iba conmigo. Yo estaba aterrado de no saber qué hacer. No tenía ningún dato de los abuelos o los tíos del niño en Ciego de Ávila, pensé en ir hasta la embajada de Cuba en Bogotá y entregarlo, pero desistí al darme cuenta de que eso implicaba dar declaraciones a la policía, y de paso desbaratar mis planes de llegar a Estados Unidos: yo dejé en Cuba a mi mujer y dos mellizas, que son realmente las personas con quienes tengo un compromiso, yo arriesgué mucho como para que este cambio de vida se me hiciera sal y agua. Entonces decidí que no podía perder más tiempo, que Raudel vendría conmigo a como fuese, y que en la frontera del Yuma diría toda la verdad de lo que ciertamente pasó. Si mi destino es entregarlo, allí es donde tiene que ser y no en ninguno de estos suburbios de Centroamérica, de eso estoy convencido. Al segundo día de haber tomado la decisión, comprobé que los milagros existen: encontré seiscientos dólares en billetes de cien cosidos en el falso del pitusita que Raudel traía puesto el día de la dichosa lancha. Le puse una vela a Nersys y otra a Alexander. Cobré lo poco que me debían en el restaurant y me fui con el niño para Necoclí, porque no me gusta tentar dos veces a la mala suerte. Esta vez fue una lancha un poco más fuerte y segura: desembarcamos sin problema en Sapzurro, subimos la loma, llegamos a La Miel y después a Puerto Obaldía, de ahí cogimos la avioneta hasta Ciudad Panamá y ya finalmente, en San Félix, nos quedamos sin un dólar porque compramos el pasaje en bus hasta Paso Canoas. ¿Te acuerdas, Roly, que en San Félix tú nos regalaste un bocadito y una Cola a cada uno? Ahora mismo, gracias a Indira y Esthercita estamos donde estamos, porque ellas nos han prestado el dinerito para buses, comida y alojamiento. Lo que tengo pensado hasta ahora es trabajar un tiempo en Nicaragua y levantar una platica para seguir. Esta es, a grandes rasgos, la historia de Raudel, y, por ende, la mía...

(BETICO)

¡Santísima Virgen, niño! ¡Mira cómo me erizo! Lo que has contado es una película de horror, qué duro. Pero bueno, hablemos ahora de Raudel, de lo que tenemos proyectado.

(ROLY)

La propuesta es sencilla, Mago: nosotros queremos adoptar a Raudel, criarlo como si fuera nuestro hijo, lo que quiere decir que el niño tendría asegurado su futuro en comparación con lo que podría esperarle en orfanatos o en manos de gente para quienes siempre sería un huérfano, un pobrecito más de este mundo... La parte en que tú ganas es que nosotros te costearíamos el viaje hasta la frontera con Estados Unidos. Pero este sería el plan concreto: tú desapareces en algún punto que nosotros te vamos a indicar, y nosotros nos hacemos cargo de Raudel ante los ojos de la gente del grupo. Yo encontraré la forma de avisarte cuando todos tengamos los pies del otro lado para que cruces tú, no sé, esto es según se vayan dando las cosas. Llegado el momento, Roly se hará pasar por el padre del niño frente a los gringos para poder cruzarlo, porque de decir toda la verdad, las cosas se complicarían y a Raudel podrían hasta deportarlo a Cuba con sus verdaderos parientes, que eso es lo que no queremos nosotros. No te pienses que va a ser fácil para un tipo de tu color, llegar a la frontera con un niño rubio de la mano y pasar así de fácil... En este sentido te estamos librando de un rollo, por todas partes te estamos haciendo un favor. Así ganamos todos: tú te quitas una carga de encima, alivias tu conciencia y de paso tienes cómo llegar hasta el mismísimo American Dream lo antes posible...

(El Mago)

¿Y cómo van a lograr ustedes que Raudel asimile cambiar de manos así como así? ¿Ustedes creen que todo es así de fácil, que van a meterle el pie a los gringos y a Raudel lo van a amaestrar como si fuera un perico para que repita el cuento que ustedes quieran? La cuestión es que yo no soy nadie para tomar una decisión de ese peso, no sé, yo no soy el dueño del niño, y me sentiría como si se lo estuviera vendiendo a ustedes...

(Betico)

Mago, tranquilo, que de eso nos encargamos nosotros, aquí el sí se lo da uno mismo por dentro, lo demás se hace sobre la marcha. Por el momento seamos prácticos y dejémonos de sentimentalismo a lo Telemundo: tú hiciste lo más importante, que fue salvar al niño. De hecho, has frenado tu viaje porque la conciencia no te permitía dejarlo botado por ahí, en cualquier parte. ¿Cierto o falso?

(El Mago)

Cierto, pero...

(Betico)

Pero nada, Mago, te estamos haciendo la mamá de las propuestas, que no solo te beneficia a ti, sino al niño. Lo tomas o lo dejas, necesitamos que te decidas rápido, porque en caso de aceptar, yo tengo que reprogramar los gastos del viaje con una amiga que se encarga de ponernos el dinero desde Austin, ¿okey?

(El Mago)

Bueno, viéndolo desde el punto de vista de ustedes, y teniendo en cuenta lo complicado de la situación, acepto, solo que desde ahora estoy viendo todos los rollos en que ustedes se meterían, teniendo en cuenta que el niño está indocumentado y bajo trauma todavía...

(Roly)

Aquí y acullá, con plata, todo se resuelve, Mago. Lo que yo sí te aseguro es que tú estarías haciendo lo correcto. A lo mejor un cristiano como Pablo, no haría lo que tú estás haciendo, yo creo que Dios mira con buenos ojos a tipos como tú, Mago, te vuelvo a ofrecer mis respetos. Ahora, nosotros te pedimos una última cosa: absoluta discreción, Mago, esto no puede saberlo nadie del grupo, tú bien sabes que el cubano es bicho malo. Es mejor así, en boca cerrada no entran moscas...

(El Mago)

¿Y cómo hago frente al resto? Todos saben que yo no tengo un dólar para continuar, y a muchos les he comentado que me quedo en Nicaragua levantando una plata para después seguir...

(Betico)

Normal, tú no tienes que darle explicaciones a nadie, pero en algún momento, para tu tranquilidad, di que un tío del niño que vive en Hialeah, les va a costear el viaje, y que ese mismo tío se va a quedar con Raudel. De momento nosotros nos mantendremos en el mismo plan, como si esta conversación no hubiera existido...

(El Mago)

Mejor así... *en silencio ha tenido que ser...*

(Betico)

Porque hay cosas que para lograrlas han de andar ocultas...

(Roly)

Mira, aquí tienes cuatrocientos dólares para cubrir los gastos de estos días que tenemos por delante. Nosotros confiamos en ti, en tu honestidad. Cuando se te acaben, tú nos avisas con discreción, pero sin demasiado secretismo, que la gente se las lleva al salto...

(Betico)

¿Todo perfecto entonces?

(El Mago)

Todo perfecto...

Peñas Blancas, límite Costa Rica-Nicaragua,
21 de julio/2015

3:21 p. m.

Si eso que dejo atrás ahora es realmente Costa Rica, le digo adiós.

Si eso que viene por delante ahora es realmente Nicaragua, me doy la bienvenida porque nadie más lo hará.

Otra vez la pesadilla de los retenes que ya han aprendido a olfatearnos como los perros de presa que son. Dos Jackson y un Hamilton por cabeza ha costado la gracia, más el susto. El Mago saca y saca tiras de colores de la oreja de Raudel, Raudel ríe a carcajadas, con un asombro ingenuo que ya quisiera yo tener. «¡Son unos hijueputas, me recuerdan a los Casquitos de Batista!», le dice doña Esther a Pablo en lo que lanza una envoltura de chicle por la ventanilla. «Usted tranquila, Esthercita, mejor ni le cuento lo que pasamos atravesando Colombia, esto es como comprar una papeleta en un parque de diversiones», le responde Pablo intentando calmarla. «Tengo un poco de miedo, te lo confieso, este país es fula con nosotros, todo el mundo coincide en eso», me dice Indira con un ronco hilillo de voz. Le doy un beso corto, me humedezco con saliva la punta del pulgar y le quito una pestaña suelta, a punto de entrarle en el rabillo del ojo. «Gracias mi amor, tú como siempre, cuidándome hasta en lo más mínimo, eres la luz en estado puro». «Ni tanto», le respondo atento a las chispas negras que circundan su pupila dilatada.

Hospedaje Bosques de Bolonia, Managua, Nicaragua,
22 de julio/2015

11:51 p.m.

«Tengo que reconocer que ustedes son un peligro», me dice Lisbeth en lo que Indira regresa con la botella de ron que salió a comprar. Me perturba su *short* corto de dormir y su blusita rosada de Mickey Mouse. Tiene los pezones dormidos, pero ya se le despertarán. Intento disimular un principio de erección. «¿Peligro? ¿Nosotros?», indago haciéndome el desentendido. «Tienen hasta suerte, pero lo importante es que saben aprovecharla, nos encontramos este hostal, barato, con habitaciones de tres, y rápido Indira hizo el cálculo y la distribución, para la que no me dio ni tiempo a reaccionar, es una Merkel acomodando las cosas», me dice Lisbeth con una mezcla de nerviosismo y asombro. Tocan a la puerta. Abro y es Indira. Me guiña un ojo. «No había ron, pero el administrador me consiguió esta botella de vino chileno. Nos lo merecemos, ¿no?», añade Indira tal vez consciente de la concentración de pecado que hay para esta noche. Lisbeth solo ríe y se acomoda el pelo suelto. Indira desencaja tres vasos desechables y pone seguro a la puerta sin hacer ruido en lo que yo regulo la temperatura del aire. Lisbeth se para de la cama y rebusca en la mochila. Saca una vela pequeña y gruesa. «Indi, préstame tu fosforera». Indira la encuentra y de inmediato se la pone en la mano. Lisbeth prende el pequeño cirio en la cómoda, frente al espejo. Apaga la lámpara de luz fría y el azogue duplica los lentos parpadeos de la llama. «Oigan esto», dice Indira buscando una pista de YouTube en su Samsung. «Música antigua de Armenia, música para enloquecer reinas y desvirtuar profetas; oigan esa flauta arábiga, no sean bestias», nos dice Indira en lo que nos da los vasos desechables. «Tenemos la misma rareza en los gustos, la tristeza ceremonial de esa música termina convirtiéndose en una tentación erótica», dice Lisbeth en un tono entre malicioso y solemne. Indira escancia el vino en los tres vasos. Pone la botella bajo la cama, nos mira y sonríe. «Brindo por nosotros, que esta noche merecemos pecar como pecaban los antiguos», propone Indira en voz baja, casi en susurro. Solo se oye el leve crac-crac de los vasos al chocar y la melancolía oriental de la música. Indira se acerca a Lisbeth y suavemente le traspasa un sorbo de vino que ahora Lisbeth inyecta en mi boca. Palpita en esta ternura de acariciarnos un fugaz temblor de violencia agazapada. La danza de las tres lenguas ha comenzado. Lisbeth se quita la blusa y cierra los ojos. Indira baja a un pezón y yo a otro. Por encima de las cejas miro a Lisbeth y en su rostro veo dibujadas las más obscenas formas del ardor pagano.

Hospedaje Bosques de Bolonia, Managua, Nicaragua, 23 de julio/2015

9:49 a. m.

«Hermano, ya la vieja sospecha que algo raro está pasando contigo, no seas vago, escríbele apenas puedas conectarte y dile que pronto terminas el bendito intercambio con los gringos», me dice Eli en un tono de casi regaño. Al fondo veo a Dailín fregando. Alza la mano saludándome, con una sonrisa amplia, pero algo triste por lo que alcanzo a adivinar. «¿Y cómo se supone que la voy a llamar si estoy en plena selva?», le observo jocoso a Eli. «No sé, es cuestión de tranquilizarla, dile que te llevaron a un pueblo cercano para poder conectarte y mandar informes a tus jefes en la civilización, inventa, que aquí el arquitecto de las mentiras eres tú», me recomienda mi hermana en lo que se quita la toca y lanza un suspiro de alivio. «Okey, eso haré apenas cuelgue contigo, a las diez y media vienen por nosotros, pero me da tiempo a matar esa jugada», le digo a Eli intentando aplacar su intranquilidad. «No asoma un solo cliente, veo eso ahí apagado por completo», le observo. «Aquí las cosas han dado un viraje cabrón en poco tiempo, no tenemos ya ni la mitad de la clientela del principio, la gente tiene la plata aguantada hasta ver qué pasa con la economía y con todo», acota Eli con un gesto a medio camino entre el desánimo moderado y el pesimismo absoluto. «Cuñado, estamos en franco retroceso, las cosas no van ni de lejos como antes», me dice Dailín secándose las manos con un paño cuya textura sé de memoria. «Eli no quería que te dijera nada, pero contigo, en todo momento, hay que ir con la verdad de frente: hace más o menos una semana, como a eso de las cinco, entraron dos tipos con pistolas y se fueron en una moto con todo lo que habíamos hecho en el día. Menos mal que solo fue el susto y que físicamente no nos hicieron nada. Eran dos venezolanos, eso sí lo tengo claro porque los saqué por el acento. Menos mal que Eli y yo reaccionamos con serenidad y no hicimos resistencia, pero nos ha quedado el trauma, el miedo a que algo parecido ocurra de un momento a otro...». «¡Dioooos mío! ¡Ya me imagino el mal rato que deben haber pasado!», les digo intentando reconstruir la escena en mi cabeza. «Nosotros hemos pensado, y esto es algo que queríamos consultarte, contratar a una persona que nos dé una mano con todo, porque en verdad ya estamos hechas verga como dicen aquí. Hace unos días llegó de Cuba un primo segundo mío, y es él a quien tenemos en mente para esto. Eso solo si tú estás de acuerdo». «¡Métanle caña y trabajen sin reventarse! Vean si económicamente es factible y avancen», les digo yo de inmediato. «Le pagaríamos trescientos. Eso es lo que tenemos pensado ofrecerle», me observa Dailín rascándose el lagrimal del ojo izquierdo. «Hagan lo que ustedes entiendan, que yo demasiados contratiempos les he causado con mis enredos y locuras», les digo reconociendo cierto tono de culpabilidad en mi propia voz. «Yo misma quiero ver si trabajo en algún colegio, odio tener que hacer esto en verdad, pero tu hermana y yo hemos llegado a la conclusión de que hace falta una entrada fija para hacerle frente a estos momentos duros que estamos atravesando, porque lo que sí no queremos es tener que cerrar el negocio con todo lo que hay invertido en él, y más aún con lo que ha costado levantarlo», razona Dailín con la voz algo temblorosa, como si hubiese ensayado rigurosamente todo esto que tenía para decirme. «Ustedes son las que están ahí comiéndose un cable, hagan lo que consideren justo y necesario sin tener que consultarme», les digo intentando tranquilizarlas. «Una buena amiga me tiene vista una plaza en el Colegio Británico —ese que está de Solca para atrás— enseñando Literatura a alumnos de secundaria; el lunes que viene tengo la entrevista», me dice Dailín como en espera de mi aprobación. «Bueno, pues suerte, y si crees que vas a poder con ese queme, métele, pero te advierto que esa clase de colegios son máquinas de moler profesores, y aparte, la mayoría de los alumnos se comportan como clientes», le observo a Dailín en tono de amable advertencia. «Eso me han dicho ya algunas personas a quienes he pedido consejo sobre el tema, pero bueno, en este momento es lo que toca hacer», me dice Dailín con una sonrisa más relajada y optimista que la del principio. «Yo le digo que lo piense bien, que todavía no estamos tan mal, pero ella insiste y hay que dejarla», añade Eli con un poco de resignación evidente. Indira me hace tijera con los dedos y yo capto de inmediato la seña. Me molestan mucho estas señas, pero reconozco que el tiempo se acorta de veras. «Bueno, después seguimos hablando, que ya casi en media hora vienen por nosotros y aún tengo que llamar a doña Nancy para tranquilidad general, y quedan algunas cosas por precisar. No se preocupen, que todo está bien y bajo control, vamos a salir en una furgoneta para Tegucigalpa, Honduras. Son unas cuantas horas con el culo más guiñado que un ojo tuerto, pero bueno, ya estamos montados en el burro, ustedes cuídense y no esperen la noche para cerrar, mucho ojo con todo, besos y las quiero mucho…».

Cuban Paradise, norte de Quito, 28 de marzo/2015

1:14 p.m.

Lou, Lou Andreas.

Te queda bien el logo, la toca, el delantal.

Los hombres te saborean y las mujeres también.

Desde que estás aquí hay más clientes, es un hecho.

Desde que estás aquí, pese a tu sinceridad, yo fantaseo con un destino en común, pero sé que habrás de irte, que pronto no habrá diferencia entre un espejismo y estos días.

Eli te mira de reojo. Disimula demasiado bien la sospecha que le inspiras. Dailín finge una distancia que en verdad desearía abolir. Tus tetas, siempre tus tetas mediando entre el mundo y tú. Pobre Dailín, qué agonía la suya al desear algo tan próximo y tan cortante. No quisiera estar en su pellejo. Reconozco en su esfuerzo una especie de heroísmo moral. No sé si yo tenga vocación para algo así.

Lou, Lou Andreas, los clientes babean por ti como los perros de Plavlov. La comida es solo un complemento, una recompensa extra.

Si tú te vas, el Cuban Paradise será Chernóbil. De ahí en adelante todo será tristeza radioactiva.

Víctor Mideros y Algarrobos, norte de Quito, 2 de abril/2015

3:23 p.m.

También la lluvia es un país. Un país blanco y rumoroso para el que no hay salvoconductos ni trámites consulares. Llueve con un rencor propio de huérfanos apaleados. Lou, Lou Andreas, tú miras la cascada del aguacero tras el vidrio. La miras con una dulce serenidad que me asusta. Descorres la ventana y sacas la mano. El frescor helado invade esta capitanía del polvo. Yo contemplo el modo en que tú contemplas. Pongo «Súbditos de Lisboa» sobre la mesita de noche. Terminado como está, el manuscrito es una belleza. Tal vez no literaria, pero sí caligráfica. Bueno, pensemos que también literaria, ¿por qué no? ¿Valdrá la pena ponerlo a pelear? De tanto transcribir, tengo el cuello deshecho…

Ven, te digo, pero tú prefieres ver deshacerse los últimos granizos, el cordón de agua que engrosa el herpes casposo de la tapia, todos esos arabescos que bien sé de memoria porque he visto la rabia pontificia de otros aguaceros desde esta misma ventana. Lou, Lou Andreas, también la lluvia es un país, un país al que solo se entra con los sentidos desnudos. Cierra la ventana y ven. Deja que este aguacero borre cuantos epitafios quiera. La cama está tibia, la he calentado con la resignación de mi sangre. Envejezcamos bajo esta colcha de lana india. Solo si quieres. No te obligo, Lou Andreas. Tú decides qué hacer.

Víctor Mideros y Algarrobos, norte de Quito, 3 de abril/2015

2:11:13-21 a. m.

Sé que es México, lo que no sé es si estoy en Coyoacán o Iztapalapa, solo que estoy en una librería enorme de tres pisos. Entro y me atiende un empleado joven que resulta ser uno de mis exalumnos de la UDLA. Finge no reconocerme y yo le sigo la corriente. Anagrama, Alfaguara y Planeta llenan casi todos los estantes. Hay una pantalla enorme con una película de vaqueros a todo volumen. Encuentro *Súbditos de Lisboa* editado por un sello de incierta prosapia. Compro el libro y salgo a la calle en lo que irrumpe una comparsa de catrinas. Me monto en un taxi y al revisar el libro noto que está en blanco, que las únicas letras impresas son las de cubierta y contracubierta. Considero si bajarme o no a reclamar por la estafa, pero ahora me persuado de que no tendría ningún sentido hacerlo. «Siga recto por toda esta avenida», ordeno al taxista con voz de patrón.

Parque La Carolina, norte de Quito, 5 de abril/2015

11:18 a. m.

Tú vas delante y yo detrás, esquivando a transeúntes y otros ciclistas que nos salen al paso. Yo voy conjeturándote cada flexión de rodilla, cada eslabón que engrana en la catalina, cada pellizcón de piedra a lo largo del sendero. Tú vas delante y yo detrás, Lou Andreas. Te has virado a preguntarme algo, algo que yo no descifro. Estoy más pendiente de tu pelo, que es un suave látigo en el viento mentolado de eucaliptos. El mismo azar que te trajo te arrancará de mí. Solo al seguirte fundaré yo un nuevo destino, completo en sí mismo, como un maleficio.

Mercado La Ofelia, norte de Quito, 9 de abril/2015

«El viento es un gran lector», me dices mirando los rastrojos de periódicos que levanta al pie de las carpas y los camiones de los indios.

«¿Y cuál es el símbolo ahora?», pregunto.

«Mejor no lo sepas; saber es sufrir, y yo nunca he querido que sufras».

Correos del Ecuador, norte de Quito, 15 de mayo/2015

10:58 a. m.

Indira me ha dicho: «Quiero coger un poco de sol, mejor me quedo afuera». Prende un cigarro y empieza a fumar con los ojos semicerrados, mirando los carros y los buses que pasan.

Nadie en cola. La empleada llena unas planillas con audífonos puestos. Se quita los audífonos. Doy los buenos días y me los devuelve. Le explico lo que quiero y le entrego el sobre de manila.

La empleada pesa «Súbditos de Lisboa»: 1,88 kg.

«Si lo va a certificar, son 74 con 43 centavos», me dice sin mirarme apenas.

Hago un gesto aprobatorio y saco cuatro billetes de veinte.

«Fíjese en que la dirección esté bien escrita», me advierte con el mismo tono impersonal.

«¿Qué tiempo tarda en llegar a Madrid?», pregunto con cierto aire entre la curiosidad y el disgusto.

«Un mes y unos días. Ahora mismo, con el comprobante, le doy el código de rastreo», me dice.

Le entrego los cuatro billetes. Miro a la pared blanca y veo en ella el ajetreo del paquete por tierra, aire y después tierra hasta llegar a Madrid. Un mensajero lo entrega al encargado de recibir los mamotretos. El encargado de recibir los mamotretos lo tira sobre una mesa enorme donde hay, amontonados, más de doscientos manuscritos. El resto es tal vez mezquino y yo lo mejor que hago es no pensar, ni en el proceso ni el fallo del Mateo Alemán. Me guardo el cambio, el comprobante y el código de rastreo en el bolsillo derecho. Me despido de la empleada con una sonrisa cortés. La empleada ha vuelto a engancharse los audífonos y a barajar unas planillas. Salgo hacia la puerta poniéndome las gafas.

A Indira solo le queda una piltrafa de cigarro entre los dedos. «¿Cuándo falla el dichoso premio?», me pregunta Indira con los ojos perdidos en el trasiego de autos. «Fines de julio, principios de agosto», le respondo buscando alguna cábala en las cifras del código de rastreo. «¿Cuánto paga ese concurso?», vuelve a preguntarme en lo que guiña un ojo y lanza la colilla a la zanja de la acera. «Cien mil euros el gran premio, cuarenta mil el accésit», le observo con cara de pocas ilusiones. «Con cualquiera de los dos te forras», me dice esbozando una sonrisa.

Fantaseo un instante con la posibilidad de ganar al menos el accésit, pero esas carambolas pocas veces suelen darse. Los premios literarios son partidas de billar donde cada golpe de taco está milimétricamente calculado.

«Vamos», le digo en lo que hago señas a un taxi.

*Afueras del Bosques de Bolonia, Managua, Nicaragua,
23 de julio/2015*

10:32 a. m.

Por la lentitud con que se acerca, supongo debe ser esa la furgoneta. Indira se adelanta a reconocerla. Abre el celular y le da una ojeada rápida. «Esta es», me dice seria. Guarda el mapa en el bolsillo trasero del *jeans*. Se baja de la Fiat un señor blanco de ojos claros, pequeño, con la misma cara de Ian McKellen. «Gandalf chiquito», le oigo decir a Betico con un tono de asombro y una ronca aspiración de garganta. «Rubén Darío Jiménez», se presenta estrechando la mano de Indira. Me sobrecoge un amago de risa que logro controlar a tiempo. En Nicaragua, y un coyote llamado Rubén Darío es el guía. Nos dirige a todos una mirada que cumple la función de saludo y sonríe con un gesto entre ingenuo y malicioso. «Bueno, pues arriba, que la Dragoneta está pidiendo carretera», dice y acto seguido da dos palmadas sonoras. En la puerta de la Dragoneta veo un ojo atravesado verticalmente por una cruz y encerrado en un rótulo circular que reza: «Sociedad Espírita de Managua, 1913». Doña Esther, Pablo y Lisbeth son los primeros en montar. Le siguen Betico, Roly, El Mago y Raudel. Raudel va un poco apagado por las fiebres de anoche. Como un mono araña se agarra del cuello del Mago, cierra los ojos y bosteza con desgano. El Mago saca un BlackBerry, de los antiguos de teclitas, y textea un mensaje con el pulgar izquierdo. «Yo voy delante», me dice Indira con una mirada previsora que he aprendido a conocerle bien. Indira le entrega a Rubén Darío un fajo mediano de dólares. «Cuéntelos», le dice Indira. «Está bueno», condesciende el viejo luego de manosear cada billete. Soy el último en subir. La voz de mi madre, creyéndome en la selva ecuatoriana rodeado de gringos, me hace eco en el cerebro. La Dragoneta arranca y sus retrovisores comienzan a digerir lo mismo que también colma otras ciudades: fachadas de casas, edificios, parques, segmentos de tráfico, gente a pie, en bicicleta, publicidad trasnochada, árboles, rotondas, semáforos y otras imágenes que mañana no recordaré con claridad, o no recordaré absolutamente. «A principios de los setenta yo estuve en La Habana, fui a estudiar Medicina, pero estando allá murió mi padre y tuve que volver a hacerme cargo de mis hermanos y mi madre, bonito país el de ustedes, no entiendo por qué se entregan en bandeja con los yanquis», acota Rubén Darío en lo que da un giro brusco de timón y Betico hace un gesto de hartazgo.

A partir de ahora lo llamaré RD.

«¡Hijo de puta!», le vocifera RD al motorista que acaba de adelantarlo en curva. El motorista lo insulta en una jerga incomprensible hasta que RD acelera y lo perdemos de vista. «Yo hoy fuera doctor de no ser por lo de papá», dice como para sí este hombre que no tiene cara de coyote ni edad para serlo. «¿Cómo así le pusieron Rubén Darío?», le pregunta Indira intentando tal vez añadir un toque de frescura a la conversación. «Porque llevo su sangre, así de sencillo», responde RD a lo que considera posiblemente una obviedad. «¿En serio?», pregunta Indira en lo que reconozco un franco tono de provocación. RD hace una pausa, como si saboreara un cigarro mental. «Mi bisabuela, Hipólita Nodarse, le abrió las piernas allá por el año 9, y el 10 nació mi abuela Vidalina; el Poeta no la reconoció porque ya vino de sus giras para morir, en el año 16 fue eso», dice RD con aire de guía de museo que tiene algún prócer entre sus ascendientes. «¡Tremendo privilegio el nuestro!», salta Lisbeth con un sesgo que reconozco potencialmente irónico. «Margarita, está linda la mar/y el viento/lleva esencia sutil de azahar...», declama teatral, con voz impostada RD, que ahora sigue al volante sin reparar en las risitas burlonas de Pablo y Lisbeth, en las miradas sospechosas de Betico y Roly, en el aire compasivo que posiblemente se dibuja en mi cara... «Pero no soy yo solo, el Poeta era experto preñando criaditas tímidas, y en verdad lo que dejó fue un semillero de hijos sin reconocer, en los últimos años he conocido seis o siete bisnietos, gente común y corriente a quienes no les interesa saber quién fue Rubén Darío ni un gallo tuerto», dice RD en lo que baja la cabeza para mirar por el retrovisor interno. «Usted nos lleva de aquí a Tegucigalpa directo, ¿no es cierto?», le pregunta Lisbeth. «Así es, mi niña, hasta allá les llevo en la Dragoneta, seguridad, confort y eficiencia», dice RD en lo que repara en las imágenes del retrovisor externo. Raudel tiene la cabeza descolgada en el hombro del Mago. El Mago lanza un suspiro y guarda el BlackBerry. «Su bisabuelo era un cantante famoso, ¿no?», pregunta ingenua doña Esther. «Algo parecido», responde entre sarcástico y compasivo RD en lo que sintoniza una emisora local. Un dermatólogo habla sobre el cáncer de piel y la importancia de un diagnóstico temprano. Yo saco los audífonos y abro el IPhone. Pongo la pista con todos los *soundtracks* de *Game of Throns*. Me sé de memoria el modo en que todo comienza a desintegrarse. RD acelera y la Dragoneta le obedece sin reparos. Cierro los ojos y tomo aire hasta poner los pulmones a plena capacidad. Dejo escapar el aire con los ojos abiertos. *Blood of my Blood* arrecia, y todos, excepto yo, siguen siendo pendejamente normales.

Hospital San Felipe, Tegucigalpa, Honduras, 25 de julio/2015

5:28 p.m.

Me produce de veras una sensación extraña dejar atrás a Lisbeth y Pablo, más en este momento, pero por suerte Pablo ha salido bien de la operación y no hubo contratiempos. Una hora de retraso hubiese sido fatal. Pablo le debe literalmente la vida al supuesto bisnieto de Darío, que apuró la Dragoneta, y al bueno de Betico, que estuvo con él en el salón, injerenciando con su pasaporte gringo y sus credenciales como especialista de un hospital privado en Austin. «Una apendicitis es más seria de lo que la gente cree», dice Betico en lo que se quita el estetoscopio y lo guarda en la mochila. «Tiene que reposar mínimo quince días, con eso no se juega», vuelve a observar Betico. Indira abraza a Lisbeth, y yo siento, fugaz, el correntazo de los celos. «Todo va a estar bien, amiga», le dice Indira aún sin separarse de ella. Lisbeth solloza con algo de control, pero visiblemente desconcertada. «Si yo sé esto, me quedo en Camagüey tranquila, y no salgo ni a buscar oro; es la sal lo que nos ha caído encima», le dice Lisbeth a Indira en lo que se separa de ella. «Lisbe, ahora seamos prácticos y concentrémonos en lo que van a hacer tú y Pablo una vez que ya esté recuperado... tienes que ser inteligente y fuerte para salir de estas», le observa Indira acomodándole un mechón de pelo tras la oreja. «Menos mal que Freddy sale para acá mañana, ya eso es un alivio porque me dijo que irá con nosotros hasta la frontera», le dice Lisbeth con un suspiro que no sé si es de pena o autoconsuelo. «Saca el teléfono y hazle unas fotos a los contactos que tengo anotados en mi agenda», le propone Indira. Lisbeth abre la agenda sobre el banco que está a su derecha y va fotografiando página por página. «Recuerda que de aquí tienes que cruzar la frontera con El

Salvador, y de ahí saltar para Ciudad Guatemala. No dejes que los crucen por San Pedro Sula, que es demasiado peligroso. Tú negocia con los coyotes como me has visto hacer a mí; no te lances con la primera oferta, da a entender que eres tú quien tiene el control de la situación», le aconseja Indira guardando la agenda en su mochila. «Okey, eso haré, no te preocupes Indi», responde Lisbeth secándose las lágrimas con el dorso de la mano. «Nos veremos al otro lado del charco, Lisbe, mente positiva», le dice Indira pasándole la mano por la cabeza. «Salúdame a Esthercita y al Mago, y diles que les deseo lo mejor en lo que falta de viaje. No los demoro más, ya ustedes tienen que volver a coger carretera», le observa un tanto más serena Lisbeth a Indira. «Betico, Roly, los quiero de verdad, muchachos, gracias por todo, de corazón», dice Lisbeth abrazándolos. «Ale, no dejes de escribir esas novelazas y sigue cuidando a Indi, que como tú es un tesoro. Yo espero que pasemos juntos este fin de año. Estamos en contacto, no se olviden de mí», me recalca Lisbeth en lo que se separa y camina por el pasillo sin mirar atrás. Indira tiene los ojos aguados, pero sabe entenderse bien con sus propias lágrimas. Los cuatro nos hemos quedado mudos, tan solo mirándola perderse entre sueros, enfermeras y camillas. «Tan chula», dice Betico meneando la cabeza con cierto aire de lamentación. «Cojamos un taxi directo al hostal», propone Roly. «Es lo más práctico, hagamos eso», observa Indira mirando a los lados con pericia de estratega.

Hotel Apolo, Tegucigalpa, Honduras, 26 de julio/2015

6:51 a. m.

«Si yo estoy allá, tú no te lanzas a esa locura», me dice mi madre con una ecuanimidad rabiosa que le conozco demasiado bien. Salgo a la ventana en busca de un mínimo de privacidad pues sé que Indira está atenta, aunque se finja concentrada en otra cosa. «¿Cómo? ¡Habla más alto que no te oigo!», grito aprovechando a mi favor lo precario del internet en Cuba. «No te hagas el sordo, que tú me estas oyendo muy bien», me recalca mi madre plenamente al tanto de mi estrategia. «Pregúntale cómo está, si le hace falta algo», le susurra mi padre en un tono entre la angustia y el reproche. «Déjame a mí, que yo sé lo que digo y por qué lo digo», le riposta mi madre con la voz exacta de Alejandra Guzmán. «Mami, de verdad que te oigo lejos y entrecortado, tendremos que hablar otro día, cuando esté un poco mejor la conexión». «¿Cómo estás? Dinos si te hace falta dinero», añade mi madre con la voz algo quebrada. «Yo estoy bien, pero sigo oyéndote lejos y entrecortado, muévete de lugar a ver si coges mejor la señal», le sugiero en tono lento, como si dividiera las palabras en sílabas. Mi madre rompe a llorar. «Habla tú», le dice a mi padre con la voz completamente ronca y trizada. «¡Oye Alejandro, dime si me escuchas!», me grita mi padre con una desesperación que casi conmueve. «Mejor los llamo otro día, está de pinga esa conexión de ustedes», le digo a mi padre y cuelgo con el pulgar la llamada de WhatsApp. Me doy la vuelta. Indira arquea las cejas y hace un leve gesto de contrariedad. «Partió el bate tu hermana dándole el chisme a tus padres, mira lo que resolvió con su ataque de transparencia», me observa Indira en lo que se desenreda el pelo a golpe de cepillo. «Ya no tenía cómo cubrirme la espalda y tuvo que ir con la verdad», le digo en tono conciliador. «Tú como siempre, justificándola, pero bueno, ya ese es un problema tuyo. De lo que sí estoy segura es que tú te las hubieses ingeniado de algún modo para cubrirla a ella y a su cachorra hasta el final. ¿Tú crees que un viaje como este es para hacerlo a base de recriminaciones y regaños?», me observa Indira pausada, sacando largas hebras de pelo enredado entre las púas del cepillo. «Me llamó Lisbeth, dice que Pablo está mejor, pero lleno de gases, que no puede hacer ni el menor movimiento», me comenta Indira con la evidente intención de cambiar de tema. Tal vez sea lo más saludable después de todo.

San Lorenzo, suroeste de Honduras, 26 de julio/2015

12:41 p. m.

En este bus doña Esther es mi compañera de pasillo. Indira se ha virado hacia la ventanilla. Por momentos concilia un sueño de pájaro que algún frenazo brusco interrumpe. Doña Esther me pasa tres fotos. «Mi nieto Flavio, mi sobrino Julio, y Germán, mi difunto hermano», me dice con un ademán ingenuo que respeto con una falsa atención. El nieto tiene cara de bravucón de barrio, el sobrino una indudable pose gay en lo que sujeta de las bridas a un caballo, el hermano tiene el prototipo cascarrabias de los que levantaron Miami en los setenta. Por una razón u otra, hasta las familias más felices terminan siendo patéticas, patéticas en las fotos, pero aún más patéticas en esa parcela de miserias que torpemente llamamos «vida real». Con una sonrisa devuelvo los retratos a doña Esther, que los guarda con cierto orgullo infantil.

*Santa Rosa de Lima, nororiente de El Salvador,
26 de julio/2015*

1:48 p. m.

«Ana Lucía cumple hoy cuarenta y dos, espero el año que viene celebrar juntas», me dice Indira sin mirarme, con los ojos fijos en un paisaje tan extraño como ajeno. Llora sin motivo aparente, llora de un modo copioso y desconcertante. Ahora mismo ese paisaje se me da entero y real, Indira por fragmentos, difusa, como una mentira bien soñada.

San Miguel, sureste de El Salvador, 26 de julio/2015

2:43 p. m

Raudel se baja a estirar las piernas, como buena parte de nosotros. Está concentrado en alinear los colores del cubo Rubik que fuera de Pablo. «Dame ya eso y vamos a comer algo, que debes estar roto del hambre», le dice El Mago en tono persuasivo. Raudel se resiste en lo que es un intento de perreta. Asumo esta lección. Llamémosla «belleza de lo imposible». Betico contempla a Raudel tan enternecido como las veces en que le presta el estetoscopio para que juegue. El Mago le quita por fin el Rubik y Raudel se alza en puntillas de pies, con ese llanto asmático con que consigue buena parte de las cosas que quiere. Esto es «Crónica de una perreta anunciada». «No señor, ahora es a comer, si te portas bien, yo más tarde te lo doy», le dice El Mago empoderado en el papel del justo tutor. «A ver, Mago, no seas malo con mi pitufín», dice doña Esther alargándole un caramelo a Raudel. La he visto muchas veces, en las pausas del camino, comprar caramelos para tener tan solo qué regalarle a Raudel. Raudel se calma un poco. Es tan tierno y repulsivo como el Oscar Matzerath de Grass. Solo le falta el cabrón tambor para acabar de jodernos la parada. Tal vez, en algún recodo del camino, haya decidido no crecer, y punto.

Hotel Villa Serena, San Salvador, El Salvador, 27 de julio/2015

1:12:09-16 a. m.

RD, el bisnieto de Darío, es quien va al volante, pero no es la Dragoneta, sino aquella Volkswagen destartalada en que salimos de Tulcán. En las plazas de atrás vamos todos, excepto Indira, que se ha sentado al lado de RD. Aun así, hay espacio para dos personas más. RD entronca por toda una serie de calles y callejuelas que conozco demasiado bien, hasta detenerse justo frente a la casa de mis padres. Mi madre se para en la puerta y desde allá invita a tomar café. Algunos vecinos chismosean desde sus persianas. «Yo espero aquí, no tengo ni que explicarte», me dice Indira en lo que juega Angry Birds en su Samsung. Lisbeth, en solidaridad con Indira, decide quedarse también. Ayudo a bajar a doña Esther y a Pablo, que aún tiene la herida fresca. Entro a mi casa con el grupo, pero mi casa ya no es como la recuerdo, tiene una geometría más cerrada y asfixiante. Doña Esther elogia el café de mi madre en lo que yo percibo que mi viejo no aparece por ningún lado. Del último cuarto salen Eli y Dailín, con sendas mochilas en los hombros. Yo pongo cara de risueña extrañeza. «Nosotros nos vamos con ustedes, hay que aprovechar el aventón», me dice Dailín con el rostro pleno de felicidad. «Señores, hasta Guatemala no paro», dice RD entregándole a mi mamá la taza vacía. Mi madre y RD cruzan una breve mirada lasciva, pero yo me hago el desentendido. Busco a mi padre con los ojos, quiero preguntar por él, pero no me sale la voz. De veras que lo intento, pero no me sale.

Santa Ana, noroeste de El Salvador, 27 de julio/2015

9:08 a. m.

Las carreteras son auténticas máquinas de moler sesos. Vamos dejando un rastro de sesos en cada viaje, en cada abstracción de ventanilla. Una jaula de pollos, imaginada a toda tinta, vale más que el puto baúl de Pessoa. La jaula tiene un fin práctico, el baúl es un artefacto definitivamente inútil. Pura retranca, pero tal vez Pessoa hubiese estado de acuerdo conmigo.

Jutiapa, sureste de Guatemala, 27 de julio/2015

2:13 p. m.

La poesía latinoamericana no habrá alcanzado la mayoría de edad hasta que alguien escriba un sonetario a la excelsa labor de los retenes. Yo acabo de aportar cincuenta dólares a tan noble causa. Mis compañeros de viaje dieron lo suyo de mala gana, pero yo los comprendo: su educación literaria no rebasa el plano de lo elemental. Vendrá alguien, lo sé, y escribirá de un tirón el jodido sonetario, y habrá que mirarlo como miramos a un Darío, a un Vallejo, a un Neruda que no tuvo la oportunidad de escribir «Cien sonetos de amor a la excelsa labor de los retenes».

Gasolinera La Recta, Monjas, sureste de Guatemala,
27 de julio/2015

2:57 p. m

No sé si habrá asquerosidad mayor que cagar de urgencia en un baño tupido, con la taza barnizada de orines resecos. No sé si habrá sorpresa más incómoda que descubrirte sin papel para dignificar tu antojado culo. Las madres a todo se adelantan. Cuando Nancy Espinosa me decía: «Trae siempre un pañuelo encima, no olvides coger un pañuelo», yo no sabía lo proverbial de su observación. Perdido en estos parajes es que he venido a saberlo.

Plaza Vivar, Ciudad Guatemala, 27 de julio/2015

6:39 p. m.

La mujer de la tienda revisa los dólares a contraluz, con evidente desconfianza. «Tengo que devolverle el cambio en quetzales», le dice a Indira. Indira hace un gesto de aprobación con un movimiento de la cabeza. «El canje está a siete cincuenta por cada verde», le observa la señora de rasgos indígenas. «Lo que sí le voy a pedir es que nos ayude lo antes posible con el chip», le dice Indira mirándola a los ojos. «A la orden», responde la señora esquivándole la mirada. Acto seguido cobra lo que cuesta el chip y le entrega a Indira la tarjeta sellada con el cambio en quetzales. «¿Puedo usar el mostrador?», le pregunta Indira a la señora. «Claro, mijita», responde con una sonrisa forzada. Indira abre su Samsung y le inserta la nueva tarjeta con la mano algo temblorosa, queriendo hacer la operación un poco más rápido de lo que debería ser. «No te apures, dale suave, que la prisa es peor», le digo en tono de consejo. «Okey, tienes razón, solo que odio que la noche me sorprenda en un lugar abierto y desconocido, pero es mejor lo que dices, coger la calma, actuar con naturalidad, respirar», me dice Indira intentando serenarse. La señora atiende a una pareja que viene por una recarga. Indira saca de la mochila la agenda de los contactos y la abre encima del mostrador. Marca un número y espera. «Buenas noches, ¿hablo con el señor Máximo Infante?», pregunta Indira con voz dulce. «Sí, el mismo», oigo que le dice una voz gruesa al otro lado de la línea. «Mi nombre es Indira López, soy cubana, ando al frente de un grupo de seis personas, conmigo siete, ¿tiene hospedaje disponible de hoy para mañana?», pregunta Indira con los dedos cruzados y el ceño fruncido. «Claro, para los compatriotas siempre hay espacio, ¿por dónde paso a recogerlos?», pregunta resuelto el tal Máximo Infante. «Estamos en Plaza Vivar, tímbreme a este número cuando ya esté cerca», dice Indira con la voz un poco más resuelta y segura. «Perfecto, yo estoy como a veinte minutos de ustedes, voy en una buseta amarilla, de transporte escolar; no se muevan de ahí», dice resuelto Máximo Infante. «Muy bien, aquí lo esperamos, paisano», le recalca Indira como si de pronto hubiese recobrado toda la energía que le robó el viaje desde El Salvador. «Me sube la peste a raja, diera lo que no tengo por un baño con agua bien caliente», me dice Indira en lo que guarda el Samsung y la agenda en la mochila. Me abraza y me da un beso corto. La señora indígena no nos quita los ojos de encima. «Vamos, que ya los demás deben estar preocupados», le sugiero a esta Indira que, después de todo, ha vuelto a sonreír.

Hostal Kuba Livre, Ciudad Guatemala, 27 de julio/2015

10:26 p. m.

Hundido en el sofá, Máximo Infante olisquea el habano como si fuese el entrepiernas de una hembra muy codiciada. Ahora saca la fosforera y lo prende. Aspira la bocanada inicial y una sonrisa le expande el rostro. No puede negar que es un santiaguero de pura cepa, tiene los rasgos exactos de un aborigen australiano, se ve enormemente corpulento y vigoroso. Debe pasar de sesenta, pero su aspecto de filisteo le resta algunos años. Parece sacado de un campamento mambí y puesto en Guatemala. Qué extraño destino para alguien de su edad, no puedo evitar recaer en esto. La luz enfermiza de la lámpara destella con fuerza en el compás y la escuadra de su sortija. Reprimo la curiosidad. Máximo Infante aspira otra bocanada de humo un poco más larga que la primera. «Yo no sé si esto es la felicidad, pero me deja tan cerca de ella que puedo llegar a pie», dice con una risa exagerada que se le convierte en tos. Indira no ha dejado de observar el ritual de degustación sin mirarme de reojo varias veces. «Bueno, ya que nos dijo durante la comida que nos llevaría hasta la misma frontera con México, díganos ahora en cuánto nos sale el paquete a todos», le dice Indira intentando negociar. «Ciento cincuenta por cabeza, cien por el niño», dice Máximo Infante inclinándose hacia Indira, con un rápido desvío de mirada hacia su escote. «Ciento veinticinco y noventa por el pequeño», propone Indira con timbre de subastadora profesional. «Paisana, a usted debieron elevarla al Consejo de Estado, tronco de talento pierde la Revolución con usted», dice Máximo Infante y lanza una carcajada que revela de fondo un catarro espeso y fibroso. «Okey, pactémoslo así porque me han caído bien ustedes, pero este viaje normalmente sale en ciento cincuenta por adulto y cien por cada menor; a fin de cuentas, yo lo que hago es ayudar a la gente a cumplir su sueño... Mañana salimos a las seis, cosa que ya sobre las once y media ustedes hayan cruzado la frontera sin el menor problema», añade Máximo Infante como si reforzara conscientemente su acento santiaguero. «¿Y no podrá usted llevarnos un poco más arriba, ya dentro del mismo México?», le pregunta Indira casi en tono de súplica. «No, mi niña, lo lamento, pero lo mío es hasta Tecún Umán, es una regla impuesta por mi hijo, que es el verdadero dueño de este negocio, y desde que yo empecé nunca la he quebrado, pues ya a mis años no puedo estar haciéndome el Antonio Maceo o el Quintín Banderas», dice meneando la cabeza en lo que sacude la ceniza muerta del tabaco. Entra ahora un mulato alto, haciendo sonar un juego de llaves. Nos saluda. Nos pregunta cómo estamos y si nos han tratado bien en el Kuba Livre. Respondemos con los cumplidos que son de esperar. «Él es mi hijo José Alfredo, el inversionista y autor intelectual de esta iniciativa humanitaria», añade Máximo Infante como para cerrar la noche. El hijo asiente con una sonrisa y se despide con un «hasta mañana». También lleva una sortija con la escuadra y el compás. Se va por el corredor de la derecha, solo se oyen sus pasos y el tintineo del mazo de llaves. «Ya se pueden acostar si quieren, yo me quedo a darle el *finish* a esta delicia», dice Máximo Infante alzando el tabaco triunfalmente disminuido.

*Restaurante La Casita, Quezaltenango, Guatemala,
28 de julio/2015*

9:19 a. m.

(Máximo Infante)

Esa ruta que me muestras en tu mapa es demasiado peligrosa. En México lo mejor es evitar moverse por tierra; los Zetas y otros cárteles andan como sabuesos rastreando migrantes para secuestrarlos, convertirlos en esclavos o prostituirlos. Con todo respeto, pero tú misma que eres tan vistosa, aunque te disfraces de mendiga, eres un blanco fácil para ese tipo de gente que no cree ni en su madre... eso que se ve en las series y las películas, no es mentira, es la pura verdad; en México hay que andar con los ojos abiertos, y de lado, como quien no quiere las cosas.

(Indira)

¿Y entonces qué usted nos recomienda?

(Máximo Infante)

Lo primero es que reorganicen los planes y se entreguen en la estación de Tapachula por una cuestión de seguridad. Es cierto que tardan unos días para emitir el salvoconducto, pero con ese papel se van a ahorrar unos cuantos contratiempos. Lo más importante es que pueden coger un avión hasta el DF volando desde el propio aeropuerto de Tapachula, pero eso sin el salvoconducto es imposible. No es lo mismo volar una hora y pico, que meterse entre quince y dieciocho por carreteras que son, como ya les dije, una cajita de sorpresas. Lo mejor es no meter la mano en la boca de los leones. Ese es mi consejo. Yo cumplo con ustedes y con el Gran Arquitecto, dándoles, como se dice, una luz.

(Indira)

Máximo, usted tiene toda la razón con lo que acaba de aclararme, hay que reducir los riesgos al mínimo, teniendo en cuenta que andamos con un niño pequeño y una persona mayor...

(Máximo Infante)

Ahora que hablas de eso, se me ocurre que puedo hacer una última cosa por ustedes: en el DF vive Eduardo Montalbán, un hermano mío de la fraternidad, que no es un coyote ni mucho menos, pero a gente recomendada, la hospeda en su casa y la lleva en su propio carro hasta la mismísima frontera en Nuevo Laredo. Dame un chance y le doy un timbrazo...

(Indira)

Mil gracias, Máximo, usted es lo mejor que nos ha pasado desde que salimos de Ecuador... no le exagero, es la pura verdad.

(Máximo Infante)

No tienes que agradecer nada, mija, para eso estamos los que tenemos un compromiso con el bien de esta humanidad...

Río Suchiate, frontera Guatemala-México, 28 de julio/2015

1:22 p. m.

El paisaje acuático es de una bella rusticidad. La gente mueve de todo en cámaras de tractor: gallinas enjauladas, bidones de aceite, sacos de arroz, pacas de papel sanitario, bicicletas y otra serie de artefactos que no alcanzo a distinguir. Indira agita los brazos hacia adentro, como si estuviera en la pista de un aeródromo. El aire huele a algas putrefactas y a plástico cristalizado por el sol. El lanchero suena un silbato y agita la diestra en semicírculo. Viene hacia nosotros con una serenidad providencial. México empieza en la otra orilla. *Paciencia y barajar.*

Restaurante Lupita, Ciudad Hidalgo, México, 28 de julio/2015

4:04 p. m.

Se acerca un hombre a la mesa. Está florido en canas, tiene un bigote bien recortado, teñido de negro, y no parece mexicano. «Buenas tardes, perdón que os interrumpa, sois todos cubanos, ¿no es cierto?», pregunta el hombre con acento español. «Sí, todos», responde seca Indira en lo que nos miramos las caras. «Mi nombre es Ángel Iglesias, y vengo a ofreceros los servicios de mi hotel, que está cerca de aquí, y es bueno, bonito y barato», dice el hombre con cierto aire sanchezco. «¿Cuánto la noche?», pregunta El Mago cerrando la pantalla de su BlackBerry. «Diez dólares por cabeza y estamos cerrando trato», añade el Ángel Iglesias sacándose del bolsillo trasero unos volantes promocionales. Los reparte a todos con soltura y un marcado ademán caballeresco. Advierto que se da un aire a Imanol Arias. «Llevo ya un par de años sirviendo a paisanos vuestros. Ahora mismo hay hospedados seis que van seguir, como decís vosotros, por los amarillos», dice el Ángel con un dejo decididamente simpático. No tiene muy buena pinta el Real del Sur. Todos nos miramos con un pequeño desconcierto dubitativo, pero accediendo al menos gestualmente a la oferta. «Siéntese con nosotros, don Ángel, y apenas terminemos aquí, vamos hasta su hotel, y si nos acomoda, entonces cerramos cuentas», le dice Indira en un tono amable. «Por lo que veo, es usted la jefa del equipo», lanza Ángel en un tono entre elogioso y socarrón. «No, nada que ver, digamos que soy la "coordinadora de rutas", alguien en pleno servicio de los demás», riposta Indira con aire de quien acaba de disipar un posible malentendido. «Perfecto, me parece muy bien su espíritu de voluntariado, mientras tanto hagamos algo: yo voy por unas medicinas a una farmacia cercana, y en veinticinco minutos paso por vosotros, ¿os parece?», consulta Ángel Iglesias. «Vale», le responde Indira con autoridad condescendiente. Ángel Iglesias da la espalda y camina hacia la puerta con un gesto que lo convierte en el mismísimo Imanol Arias. «Indi, ¿no te parece raro que ese señor sea el dueño y él mismo ande promocionando su propio hotel?», deja caer Betico limpiándose la grasa del pollo con la servilleta. «Muchos españoles son así. Viví algún tiempo en Madrid y no es extraño ver cosas como esas, sobre todo en el caso de pequeños propietarios», añade Indira guiñándole un ojo a Betico. «¡Uy, qué fina!», lanza Betico empoderado en su artistaje *gay*. «Bueno, de todas formas, tenemos que descansar el estropeo del viaje desde Ciudad Guatemala hasta aquí», observa Indira en tono propositivo. «Si tiene un mínimo de decencia, ¿por qué no?, si salimos tempranito para Tapachula», insta El Mago en lo que corta en trocitos el bistec de Raudel. «Yo tengo ojo para la gente, y la verdad es que me da buena espina ese gallego», agrega doña Esther como confiada en la agudeza de su propia intuición… Aprovechando el wifi gratuito, Indira saca su celular y se concentra en él. «Mago, ¿cómo apareces tú en Facebook?», pregunta Indira. «Como Libán García Mago, mi foto de perfil es con dos niñas, que son mis hijas», explica El Mago con aire bonachón. «Perfecto, si te llega una solicitud de Indira López Álvarez, esa soy yo; estoy con un niño en brazos, que es mi hijo», acota Indira. «Gracias, mi amor, así estamos comunicados», dice El Mago con cierto dejo de prudencia infantil. «Hace una hora más menos me escribió Lisbeth, dice que el novio llegó ayer de Miami, y que Pablo va mejorando cada día, que ya están casi al darle el alta», informa Indira inmersa en su pantalla, sin mirar a nadie. «¡Tan divina ella!», acota Betico meneando la cabeza con los ojos cerrados. Doña Esther saca un almanaque de bolsillo y hace una cruz de tinta sobre una fecha. «Es el día de ayer, que se me había olvidado tacharlo», me dice en tono cómplice mientras juega con el cric-cras del lapicero, sin apartar la vista del pequeño almanaque.

Hotel Real del Sur, Ciudad Hidalgo, México, 28 de julio/2015

6:17 p. m.

«Según la bola que anda, estamos a un paso de que todo esto se vaya a la mierda. Por sí o por no, ni yo ni los que andan conmigo nos vamos a entregar en Tapachula porque demoran a veces hasta más de una semana en devolver los pasaportes», le dice a Indira, Reinier, un rockero que acabamos de hallar en esta grieta del camino. «Lo peor es que tienes razón, los yumas van a dar el zarpazo sin avisar, y lo que se va quedar atrapado en la frontera es un pueblo», observa Indira en lo que abre su celular aprovechando el wifi gratis. «Yo sé que no se le puede hacer mucho caso a las redes sociales, pero cuando el río suena es por algo», añade Reinier con un franco gesto de preocupación. «¿Tú te imaginas que sea cierto eso de que van a cerrar la frontera el domingo?», me pregunta Indira con la voz casi quebrada. «Sería un desastre», respondo parco. «Se ha vuelto casi viral lo del cierre, no les niego que me tiemblan las piernas de tan solo imaginarme trancada del lado de acá. Eso sería como una versión de la Biblia donde el Mar Rojo se traga a los israelitas ante los ojos de los egipcios», confiesa Indira con una manifiesta expresión de horror en lo que desliza el Facebook con el índice de la izquierda. «Llama a Lisbeth y alértala sobre lo que está pasando», le sugiero a Indira en tono persuasivo. «Buena idea, que esa vive atrás del palo», me responde Indira sin levantar los ojos de la pantalla. «Yo sé que con Pablo recién operado no es que puedan avanzar mucho, pero al menos se les abre los ojos sobre lo que hay en el ambiente», añado sinceramente preocupado. «Pablo que se ponga una faja y avancen al menos hasta Ciudad Guatemala; el novio de Lisbeth que le tire un salve, que haga algo», sugiere El Mago en lo que Raudel forcejea con el cubo de Rubik. «¿Cómo apareces tú en el Face?», le pregunta Indira a Reinier. «Pon Ringo Starr Manzanillo y ahí te va a salir una foto mía con la Glorieta de fondo», dice Reinier con la cara de imbéciles que ponen todos los ciberadictos en plena actividad. «Dime si te llega una solicitud de Indira López Álvarez», le dice Indira con el mismo aire de retardo y distracción. «Sí, ya me llegó, y acabo de aceptártela», responde este Ringo Starr de tarima barrial. «Perdón que me meta, pero debéis pensar muy bien lo que vais a hacer», nos observa don Ángel en lo que cambia el bombillo fundido de un zócalo en pared. «Reinier, ¿ya le hablaste a Indira de la rastra?», le pregunta casi en tono de regaño don Ángel. «No, don Ángel, la verdad es que yo pensé que ya ella sabía», le observa Ringo Starr aún más absorto en la pantalla de su Huawei. «Yo había oído hablar de la dichosa rastra, e incluso, tengo en mi agenda los contactos de cuatro o cinco rastreros, pero como habíamos acordado volar desde Tapachula hasta el DF, deseché la posibilidad», arguye Indira algo sorprendida, levantando la cabeza de la pantalla del celular. «Veamos, Indira, se trata de tres rastras que pasan seguido por aquí a recoger personal, hoy mismo por la mañana se fueron unos veinte compatriotas vuestros en el camarote de una», explica don Ángel con paciencia de maestro rural. «Mañana llega una a eso de las ocho. Yo espero quepáis todos, tanto vosotros como Reinier y su gente, que desde ayer están en cola», dice don Ángel peinándose el bigote con la izquierda. «¿Y usted nos da la garantía de que es seguro y rápido?», pregunta Indira con cierto tono de súplica recalcitrante. «Bueno, garantía absoluta no os puedo dar, pero hasta ahora no he sabido que se haya dado ningún problema; estos rastreros son unos tíos muy profesionales y, según me han dicho, tienen comprados a todos los patrulleros desde aquí hasta la misma frontera», arguye don Ángel con cara de un auténtico versado en artes de tráfico. «¿Y en cuánto sale la gracia?», persiste Indira. «No todos tienen las mismas tarifas, pero el rollo está entre doscientos cincuenta y trescientos duros por llevaros desde aquí hasta el DF. Ya allí hay otros enlaces, pero se trata de estrategias del gremio», expone don Ángel mirando la hora en su reloj de pulsera. Y ahí está también lo tuyo, viejo cabrón, pienso con los labios inmóviles y una sonrisa posiblemente leonardina. «Bueno, en breve consulto con el resto de la gente antes de que bajen a comer, y le digo qué haremos, aunque lo más probable es que todos estén de acuerdo en aprovechar la dichosa rastra con lo feo que pinta el panorama», le dice Indira a don Ángel en lo que abre la pantalla de su Samsung. «Voy a llamar a Lisbeth para que se pongan las pilas y empiecen a moverse lo antes posible», me dice Indira como si en verdad tan solo hablara consigo misma. «Ah, Zoe nos manda saludos, ya la tengo al tanto de todo, no va poder ir a la frontera por cuestiones de trabajo, pero nos espera en Miami con todas las de la ley», me observa Indira sonreída hasta los párpados. Raudel acaba de despedazar el cubo de Rubik, se tapa la boca con las manos. El Mago entorna los ojos hacia arriba y murmura una frase incomprensible que tal vez guarda relación con su menguada paciencia. «Los niños son la esperanza del mundo, Mago», le digo con evidente sorna. «La venganza querrás decir», suelta El Mago con cara de recluta harto de sargentos y capitanes. Es Pablo quien contesta la llamada de Indira, que ha puesto el teléfono en altavoz. «Lisbeth está en el baño, ya debe estar al salir», dice Pablo con una voz apagada y ronca que apenas le reconozco. Indira le pregunta por su salud. «Ahí vamos, mejorando poco a poco», contesta Pablo. Otra voz de hombre se mezcla torpemente con la suya. Voz de tipo sin carácter, por lo que alcanzo a oír.

Hotel Real del Sur, Ciudad Hidalgo, México, 29 de julio/2015

12:02 a. m.

Es el Bar Chelsea de la Foch en Quito. Hay mucha gente. Alcanzo a reconocer a varios excolegas de la UDLA. Uno de mis zapatos tiene un gran hueco en la suela. A través de ese hueco siento la frialdad del piso. No vayas a cruzar el pie, me digo yo mismo en tono de advertencia. La Tigra y Javier conversan uno muy cerca del otro en la barra. Hay un karaoke al fondo. Doña Esther y Karina cantan a dúo *Bésame mucho*. Una puta me toma de la mano y yo le sigo los pasos aún sin verle la cara. Tiene, de espaldas, algunos rasgos que me resultan familiares. Las medias de malla le potencian el culo y las piernas. Subimos una escalera con un largo pasamano de bronce pulido. Hay un reservado con butacones cómodos y una luz rosada que me exaspera. La puta se vira hacia mí y me besa antes de que yo logre reaccionar. Tiene boca de tango y lengua de víbora redomada. «Que no se entere tu hermana», me dice en lo que alcanzo a reconocerla. «No diré nada, yo también quería que esto pasara», le contesto y vuelvo a besarla con la misma rabia.

Hotel Real del Sur, Ciudad Hidalgo, México, 30 de julio/2015

6:25 a. m.

Mi IPhone da timbre a todo volumen. Es Eli por una llamada de WhatsApp. Rara esta llamada. Carraspeo la garganta antes de contestar hasta que por fin abro el canal deslizando el ícono. «¿Qué pasa hermana?», pregunto nervioso. «A papi lo acaban de ingresar por una angina de pecho bien fuerte, no está infartado, pero lo están observando», me dice Eli con un leve dejo recriminatorio en la voz. «¡Mierda!», respondo yo remordiéndome los labios. «Por suerte los vecinos corrieron a tiempo, mami está con él en el hospital, todo bajo control hasta el momento, pero ya te imaginarás el susto», me dice Eli lanzando un suspiro. «¿A qué hora fue eso?», pregunto con la voz compungida y ronca. «Hace como una hora. Fue mami quien llamó para darme la noticia, menos mal que está tranquila; tío Pepe y tía Nela están con ella». «¡De pinga! ¿Y qué hacemos ahora?». «Nada, hermano, esperar; mami dice que estemos tranquilos, pero sí insiste en que compres un plan de datos y te mantengas conectado, que lleva ya varios días sin saber de ti», me observa ahora Eli con un marcado timbre recriminatorio. «Okey, yo la llamo apenas cuelgue contigo, pero dime antes qué pronósticos hay con el viejo», le digo a Eli descubriendo algo quebrada mi propia voz. «Está bajo observación, pero dice el cardiólogo que lo está atendiendo que, si evoluciona bien, en una semana se le dará el alta», me responde Eli con el mismo tono hostil que conozco demasiado bien. «Hermana, no sé por qué, pero yo siento en tu voz que me estás responsabilizando con esto que acaba de suceder», le digo a Eli en un tanteo de lo que sospecho. Eli hace silencio y yo alcanzo a oír el chorro del fregadero que cae contra un cúmulo de vasijas, posiblemente sucias desde anoche. «Lo hecho, hecho está hermano, no hay vuelta atrás para nada ni nadie, pero este viaje tuyo ha tenido a los viejos en puro temblor», acota Eli en tono de cortés reprimenda. «Y que conste, yo no lo quise así, pero en tus manos estuvo que ellos no se enteraran, solo que no supiste manejar la situación», le observo con una franqueza que casi llega a ser hiriente. «Ponernos a discutir no nos va a llevar a nada bueno, ¿por dónde andas ahora?», me pregunta Eli con evidente intención de cambiar de tema. «Estamos en Ciudad Hidalgo, sur de México, en menos de dos horas saldremos en rastra para el DF o la misma frontera de Nuevo Laredo», le digo algo seco. «¿Se mantiene por fin lo de esa tal Zoe que es amiga de Indira?». «Sí, una vez que lleguemos, solo tenemos que movernos hasta Miami por carretera, y de ahí ir hasta su casa, tranquila». «¿Te mando más dinero?», me pregunta Eli con los humos un poco más bajos. «No, si me hiciera falta yo te aviso», le respondo otra vez parco. Confieso me duele tratar en ese tono a mi hermana del alma, pero a veces los que amamos no nos dejan otra opción que el exabrupto. «Bueno, cuídate mucho y no hagas nada que ponga tu vida en riesgo», me dice Eli con su color de voz algo pálido. «Okey, no te preocupes», respondo casi en susurro. «Dailín está aquí a mi lado y te manda un abrazo». «Perfecto, otro para ella», digo con la misma sequedad glacial. «Cuando ya estemos un poco más tranquilos, quiero hablar un temita contigo», añade Eli. «Dame un adelanto ahora, ¿pasa algo más que yo no sepa?», pregunto con sensación de susto. «No, nada trascendental, no te preocupes; concéntrate ahora en tu viaje y no olvides extremar cuidados en todos los sentidos. Chao, ahora sí te dejo», me dice Eli con la voz algo ronca y apagada.

Hotel Real del Sur, Ciudad Hidalgo, México, 30 de julio/2015

7:55 a. m.

«Como ya no tenéis tiempo, dadme el dinero que yo os compro el plan de datos apenas abran el Chedraui, que es un centro comercial a pocas cuadras de aquí», me dice Ángel Iglesias en lo que rebusca en los repliegues de su billetera. Yo le entrego la plata acordada y él me da un chip de uso. «Aún está vivo, podéis confiar», me dice en lo que acomoda el Hamilton y el Jackson entre un fajo de pesos mexicanos. «Si queréis, guardad mi número entre vuestros contactos de WhatsApp», me sugiere don Ángel en tono amable. «Gracias, maestro, ahora mismo lo registro», le respondo. Viene el cocinero del hotel y le entrega a Indira una jaba de *nylon* con varias hamburguesas y refrescos. Indira le agradece amable. «¿Cómo sigue tu papá?», me pregunta doña Esther con un verdadero gesto atento. «Mucho mejor, Esthercita, muchas gracias», le contesto con una sonrisa. «Menos mal, chama», acota El Mago. «Si le hacen un buen estudio y le ponen el tratamiento que lleva la angina, no tienes de qué preocuparte», me observa Betico con marcada autoridad profesional. «Ya Pablo, Lisbeth y el novio están saliendo de Tegucigalpa», dice en voz alta Indira, como para que la oigamos todos. «Mándale la ruta que nosotros seguimos, más los contactos de Máximo Infante y de don Ángel», sugiere Roly con voz firme. «Buena esa, Roly; ahora mismo se los estoy enviando», dice Indira con la cabeza hundida en la pantalla de su Samsung. El Mago enseña a Raudel a hacer un origami en forma de jirafa. Reinier, el Ringo Starr manzanillero, baja la escalera con su gente, todos con sus mochilas, por lo visto preparados para el largo viaje que nos espera. Unos dan los buenos días, otros tienen el síndrome del avestruz digital, con las cabezas literalmente dentro de sus teléfonos, por completo enajenados. Con Reinier, suman seis entre hombres y mujeres. Hay solo una hembra digna de ver, las otras se ven demacradas y sucias, con un acentuado perfil rural. El cocinero del hotel sale con una bandeja y atiende a Reinier y su gente con el desayuno. Le inserto el chip a mi celular y lo pongo a coger carga en lo que reviso, aprovechando el wifi gratis, mi correo Gmail, mi Facebook y mi WhatsApp. Tengo demasiadas notificaciones de Movistar, Banco Pichincha, Pinterest, Calle del Orco y otras páginas que comúnmente visitaba. Las borro y dejo casi limpia la bandeja de entrada. Entro ahora mismo a WhatsApp y no tengo ningún mensaje de mi madre. Reviso el estado de Eli: última vez hace dos minutos. Pitan con insistencia desde afuera. Es un cláxon potente y ensordecedor. Es una enorme rastra blanca, una especie de Moby Dick con demasiadas ruedas. «¡Arriba, cubiches, que llegó vuestra hora!», vocifera don Ángel dando varias palmadas en clave de flamenco, como si fuera el mismo Imanol Arias ensayando con un grupo de actores en formación.

¿...?, México, 30 de julio/2015

9:58 a. m.

«Serio el viejo andaluz», me observa Indira al ver que se me acaba de acreditar el plan de datos. Busco su contacto en WhatsApp y comienzo a escribirle para darle las gracias. El movimiento de la rastra me hace equivocar algunas letras. «No hay de qué», me contesta casi de inmediato. «Para eso estamos la poca gente de bien que queda en este mundo», me responde y acto seguido desaparece tras enviarme una manito con el pulgar hacia arriba. Bloqueo pantalla y me guardo el IPhone en el bolsillo del *jeans*. Indira recuesta la cabeza en mi hombro y llora sin explicación aparente. «Me dejaría cortar un dedo de un hachazo por tal de saber la raíz profunda de su llanto. Desde la cabina entra una luz disléxica. Me hubiera gustado ver las vallas con los topónimos y sus flechas de direccionalidad, los pequeños puentes y los quioscos de frutas a la orilla de la carretera. Este calabozo rodante apesta a óxido, orina y vómito. No descarto que sean pulgas o chinchas lo que nos pica en estas colchonetas. «Me voy a dar un baño de cinco horas cuando llegue por fin a Austin», le dice Betico a Roly en lo que este le rasca la espalda con la uña larga del meñique. «Mago, ¿cuánto falta para ver a mi mami y mi papi?», pregunta Raudel. «Todavía estamos un poco lejos, pipo, pero no te desesperes», le responde El Mago con la voz trizada. Doña Esther suelta el grito y es Roly quien alcanza a consolarla. «Él no logra procesar la verdad por más que yo se la dije desde el principio», me susurra El Mago. No sé cómo irá a resolver esta situación hasta entregarle el niño a un pariente en Miami. Queda un largo trecho. A veces somos auténticos turistas, paseantes cándidos frente las verdaderas víctimas de ese ente abstracto y ciego que llamamos vida. «¡De pinga esto!», lanza Ringo Starr dándose uña en la cabeza con una desesperación infernal. «Yo siento que estoy llena de bichos, que me caminan hasta por dentro», acota Indira rascándose el entresenos con una mezcla de furor y alivio. Yo me siento una erupción en un pómulo que se me debe estar convirtiendo, por el relieve, en un empeine. «¡Un barco negrero es primera clase al lado de esto!», suelta Betico a todo falsete. Oigo risitas que no llegan a ser carcajadas. «¿De qué repinga se ríen ustedes si todos estamos igual de jodidos en esta mierda de rastra?», lanza Betico envalentonado en decir lo que le da la gana. Yo pongo el *soundtrack* completo de *Game of Throns*. Me acomodo los audífonos y poco a poco voy sintiendo cómo ese aire épico desvanece la opresión de estas miserias. «Tú de trascendental como siempre», me observa Indira con la voz erosionada de tanto fastidio. Levanta la cabeza de mi hombro y empieza a jugar con desgano Angry Birds. Por suerte ha dejado de llorar. El rugido del motor sigue monótonamente uniforme. El rastrero, que recién descubrí se llama Matías, ha puesto bachata dominicana a todo volumen. Cada quien se defiende como puede, pienso en un arrebato de imposible empatía.

¿...?, México, 30 de julio/2015

6:13 p. m.

Matías aminora la marcha hasta detenerse. Le da un tirón a su puerta de la cabina y por la otra se baja el copiloto. Por la franja de vacío entre los asientos se cuela una luz de sirena en silencio. Intermitencia de rojo y azul, como en las películas. Creo se trata de una patrulla de carretera. En vez de oír voces, lo que escucho claramente son carcajadas. Matías y su copiloto suben cada quien por su puerta. «Seguro ya mojaron a los fianas», alcanza a decir El Mago en susurro, abriendo la pantalla de su BlackBerry. La rastra arranca y vuelve a quemar asfalto. Indira reparte siete hamburguesas con Colas. La gente de Reinier se antoja también de su reserva, y Reinier, casi de inmediato, hace lo mismo que Indira. Alguien eructa con total libertad. «¡Cerdo!», grita Betico malhumorado. En la cabina, Matías y Walter han empezado a fumar y el humo se encierra justo aquí. El Mago se queja, pero el mal está hecho. Masticar nos distrae de rascarnos y maldecir. Voy paliando la indigencia estomacal que ya empezaba a enloquecerme. Tragar mantiene a raya las penas.

¿...?, México, 30 de julio/2015

10:49 p. m.

El Mago y Ringo Starr discuten sobre quién es el gran ilusionista del siglo xx, si Copperfield o Houdini. El Mago da sus razones y Ringo Starr las suyas. De no ser por la estrechez y la penumbra, se caerían a golpes. Abro el WhatsApp y veo que me ha escrito mi madre. Acaba de enviarme una foto de mi viejo sentado en la camilla, vestido con el ropón de hospital y mostrándome ambos pulgares. Mi madre está en línea, como en espera de que yo comente por fin la foto. «¡Paro quince minutos para que meen y caguen!», vocifera Matías como quien grita al interior de una caverna.

¿...?, México, 31 de julio/2015

1:31 a. m.

Estamos en el Motel Lúmini, y es casi de noche. El empleado no quiere dejarla entrar. Dice que Indira es menor de edad. Yo le hago cambiar de parecer con algo tan sencillo como un billete de veinte. Miro a Indira y es cierto, tiene cara de niña, con teticas de mamoncillo sin cáscara. Entramos y la desvisto sobre la cama, nos estrujamos las desnudeces hasta que al fin estallamos en espasmos y corre el semen, con lentitud abañal. Indira se levanta y prende un cigarro, abre su cartera y saca una edición muy linda de *Súbditos de Lisboa*. La novela está ilustrada con grabados de Durero y motivos del Bosco, es una mezcla del Manuscrito Voynich y el *Libro de arena*, de Borges. «¡Feliz día de no cumpleaños!», chilla Indira juguetona y vuelve a meterse desnuda bajo el cobertor en lo que yo hojeo absorto el raro ejemplar. Me siento Nabókov, pero no tengo el coraje de admitirlo.

Tlalpan, D. F., México, 31 de julio/2015

6:17 a. m.

«¡Esto es Tlalpan, señores, sur del mismísimo DF!», vocifera el copiloto Walter hacia el interior del camarote. Indira despierta sobresaltada. Yo llevo un rato ya con los ojos abiertos, oyendo cómo el ruido espeso y uniforme de la carretera va convirtiéndose poco a poco en ruido urbano, atravesado por voces, silbatos, pregones... «¡Vamos a hacer una parada de cuarenta y cinco minutos en Coyoacán!», grita de nuevo el copiloto. Oigo Coyoacán y reparo otra vez en mi condición. Oigo Coyoacán y me remonto a fines de 2012, cuando Nueva Tinta me invitó a recibir el Premio Salamandra de Novela. No soy ya, por suerte, ese Alejandro Castillo que vino a México en avión, con todos los gastos pagados, con todas las garantías, incluyendo la de tener diez mil verdes depositados en su cuenta del Pichincha. Soy este de ahora, el que ha hecho, por tierra, un viaje que sobrepasa a los de Cervantes y Rimbaud, todo por una mujer, una mujer como todas, *pero que es ella*. Ruleta extraña la de la vida, tramposa recurrencia la suya. Alejandro Castillo, en un mismo lugar habrás sido gentilhombre y mendigo: Alejandro Castillo, autor de *Una pasión colonial*, *Súbditos de Lisboa* y otras obras menores, pequeña celebridad de barrio, independentista y monárquico, idealista y retrógrado, humanista y asesino, nada te ha causado tantos contratiempos como tu exceso de autoconciencia. Indira ha vuelto a dormirse en tu pecho. Mejor te concentras ahora en el juego heliográfico de la luz que depende de las arboledas, los puentes peatonales y las vallas publicitarias que hay en exteriores, tal vez haya en él algún parpadeo cifrado que no logras desentrañar.

Coyoacán, D. F., México, 31 de julio/2015

7:25 a. m.

Matías sale de la casita antigua con el pelo húmedo y una toalla al cuello. Es un tipo desaliñado por naturaleza. Detrás de él hay una señora mayor con una taza gigante de café. Parece ser su madre. «Bueno muchachos, mi socio y yo hemos decidido llevarlos hasta la mismísima frontera con el Gabacho en Nuevo Laredo, por doscientos duros más. Eso para que no pierdan tiempo», dice con un aire generoso Matías. Hay un sobresalto de alegría en todas las caras, como si estuviésemos ganando en una mesa de apuestas. «Tómense cuarenta y cinco minutos para que desayunen por los alrededores, pero sepan que a las y cincuenta y cinco yo estoy arrancando, estilo militar», dice en tono de advertencia el hombrecillo azteca. Todos estamos llenos de picaduras de insectos, pero a quien más se le notan es a Indira. Betico y Roly fuman como si les hubiesen concedido una última voluntad antes de fusilarlos. Por más que les insistimos en estirar las piernas por el vecindario, quieren quedarse tranquilos al pie de la rastra. Doña Esther y El Mago los secundan con cierta apatía. Tal vez no es apatía, sino miedo, miedo de que la rastra siga camino sin ellos. Doña Esther está justificada por la edad y el catarro tremendo que ha pescado. «Yo fuera con ustedes, pero estoy muerta con esta gripe», nos dice con el rostro apagado. Raudel quiere unirse a nosotros, pero El Mago se lo prohíbe de forma rotunda. «Ustedes se confían demasiado», nos observa Betico con cierto aire paranoide. Indira me pasa un espejito redondo. «Mira el herpes que te ha salido en la cara», me dice con un tono de lamentación y asombro. «Yo creo que tengo un tubito de una crema que te va a ayudar a que eso no te siga caminando», me dice Roly exhalando una gran bocanada de humo. Me miro y es un semicírculo del diámetro de un dólar lo que tengo en la parte alta del pómulo derecho. Le devuelvo el espejito a Indira y le propongo seguir recto por esta misma calle, hasta unos anuncios que sobresalen más adelante. Indira luce demacrada y sucia, con el pelo casposo, pero aun así decide acompañarme. «Muero por darme un baño, me sale un chero asqueroso; no quiero presentarme así en la frontera», me dice Indira en lo que se nos suma Reinier, ojeroso y espectral, como si hubiese escapado de un cerco de caníbales. «¿Qué hay, mi gente?», pregunta en lo que escapa de su boca un fuerte tufo a cadaverina. «Ahí, en lo mismo que todo el mundo», respondo dándomelas de sociable, sin dejar de caminar en línea recta. «Tigre, si a mí me dicen que había que pasar tantas mierdas para llegar al Yuma, me quedo en Cuba, tocando en mi bandita de rock y comiendo lisetas fritas de vez en cuando; total, si el quilo no tiene vuelto», lanza Reinier ya transfigurado en Ringo Starr. «Todo tiene su precio, compañerito Ringo», añade Indira fingiéndose jocosa cuando yo sé que algo inconfesable estruja su espíritu. Caminamos buscando una panadería o algo por el estilo donde vendan desayunos. Este parece un barrio abandonado por lo desierto de las calles. Los negocios que vemos aún permanecen cerrados y la mayoría son de sastres y zapateros. Nos detenemos ahora en la puerta de El Tlacuache. Desde afuera promete esta cafetería. Tiene los colores de la bandera mexicana y una especie de zarigüeya con sombrero de charro. En un relámpago mental voy al Cuban Paradise y pienso en Eli y Dailín. «Aquí mismo, que no tenemos tiempo de andar turisteando», sugiere Indira en tono imperativo. Nos atiende una muchacha rubia de ojos claros, con evidente sobrepeso. Lo primero que hace es reparar en nuestra pinta de vagabundos. Ya imagino por qué la tranquiliza un tanto nuestro acento. Yo elijo dos quesadillas con chocolate, Indira lo mismo y Reinier un café americano con dos churros rellenos de queso crema. Nos sentamos en una mesita circular y por instantes recobramos una sensación de humanidad casi olvidada. No termino aún de reparar en el decorado y la muchacha nos trae la orden con una celeridad digna de elogio. «Traga y no fantasees, que ya estamos casi contra reloj», me dice Indira en un tono áspero. «Te tienen cadete, bróder», me observa Reinier poco antes de dar la primera dentellada. «Con mujeres así no hace falta ejército», añado risueño. Las quesadillas y el chocolate consuelan mi estómago. Mi estómago es más agradecido que huérfano adoptado por ricos. Indira come con la mirada perdida en un punto muerto de la pared a pesar de su conciencia del tiempo en fuga. «Traga y no fantasees», le digo yo a Indira como pagándole con su propia moneda. La muchacha se acerca y nos pregunta si deseamos algo más. Reinier la mira como lamentando su sobrepeso para haberse gastado un piropo. «¿Queda muy lejos de aquí la Casa de Frida?», le pregunto yo estableciendo coordenadas entre este y mi viaje de 2012. «No tanto, unas seis cuadras más al norte, en la calle Londres, 247», responde la muchacha con la vista fija en el herpes que me adorna el pómulo. Recaigo en que pudiera llegar a pie a Nueva Tinta, pero en eso de no perdonar, el tiempo y la vida son perfectos aliados. Indira pide la cuenta de los tres desayunos. Reinier se mete la mano en el bolsillo interior de la chaqueta. «Ringo, esto va por nosotros, no seas ratón», le digo con cierta autoridad burlesca. Ringo guarda su billete con cara de quien esperaba que algo semejante sucediese. «Coño, gracias, man, ustedes sí que son unos capos», nos dice en su fraseo marginal, con la halitosis algo apaciguada. «Señorita, añada a la cuenta quince quesadillas más», le pide Indira a la muchacha. «Son para el resto de la tribu», me observa Indira convencida de que no es necesario consultarme ese gesto de generosidad elemental. «Buena idea, mi amor», le respondo intentando descifrar su exabrupto de hace unos minutos.

Santiago de Querétaro, México, 31 de julio/2015

10:29 a. m.

Hizo bien Indira en comprar su chip con plan a nuestro paso por Madero. Aún queda un largo camino y siempre es mejor la independencia. Así ella no se mete en mis asuntos ni yo en los de ella. Ahora mismo que chateo con mi madre, no hubiera podido prestarle mi IPhone para que hable con Víctor y Ana Lucía. Mi madre, desde el hospital, me envía una foto de mi viejo dormido. *Si hay algo en él de amargo, seré* yo, ¿no es cierto César Vallejo? Según ella, con buena suerte, en cinco días o una semana, le darán el alta y estará en casa, pero antes tienen que monitorearlo como se debe. Mi madre me pregunta a qué distancia estoy de la frontera y si algo me hace falta. «Ya estamos cada vez más cerca, solo que no sé la distancia exacta», le respondo añadiendo al mensaje una carita feliz. Está en línea, pero aún no aparecen las palomitas azules al final de mi texto. Acaba de verlo y me está escribiendo. «Estaba chateando con Eli, pero más tarde sigo con ella, ahora la prioridad eres tú», me escribe agregando un corazoncito cursi luego de la última letra. Acaba de enviarme la *Oración del Justo Juez*. Tiene un fondo renacentista de San Jorge y el Dragón. Siempre me encantó eso de «ojos tengan y no me vean, pies y no me alcancen...», siempre lo creí un fraseo muy literario. «Te pregunté si hay algo que te haga falta», insiste mi madre. «Nada, estoy perfecto», le contesto yo. «Lee para ti la oración cuando vayas a cruzar la frontera, no te olvides de eso», me recalca. «Tranquila, así lo haré», le respondo suspirando de este lado. «Si puedes hazme una nota de voz, dime cualquier cosa, no sé, quiero oírte». A pesar del ruido de los carros que pasan y el silbido del viento, abro el micrófono y grabo. «Mami, yo estoy bien, no tienes nada de qué preocuparte, estoy por completo fuera de peligro. Eso que oyes de fondo son los carros que pasan por una autopista enorme. Estamos ahora mismo en una gasolinera, ya casi vamos a montar para seguir de largo. Dale un abrazo grande al viejo. Seguimos en contacto, mil besos para ustedes y el resto de la familia». Dejo ir el audio y noto que se me ha hecho un nudo en la garganta. Por su parte, Indira acaba de colgar con Ana Lucía. Viene hacia mí secándose las lágrimas. «Cada vez que hablo con Víctor, se me parte el corazón. Esa es nuestra condena, mi amor, la puta distancia con su *striptease* de mierda», dice metiéndose el Samsung en el bolsillo del *jeans*. El rastrero sustituto da un par de palmadas y todos nos alistamos a subir por la puerta del copiloto. «¡Órale, que si vienen los federales, nos chingan!», azuza impaciente el lobo de carretera. El Mago y Raudel son los primeros en entrar al calabozo rodante. Doña Esther se ha puesto un nasobuco y tose sin control antes de meterse a la cueva. «Ojos tengan y no me vean, pies y no me alcancen», digo entre dientes, como hechizado. Raudel anuncia una perreta, pero El Mago lo neutraliza a tiempo.

San Luis Potosí, México, 31 de julio/2015

12:41 p. m.

Es Eli vía WhatsApp. Timbra y dudo contestarle, pero bien puede ser una urgencia. Contesto y automáticamente me pongo los audífonos para que nadie espíe mi conversación. Dailín me saluda y me da de antemano la seguridad de que no pasa nada, de que todo marcha bien con nuestro viejo. «Queremos hablar contigo un tema importante, perdona que te hayamos llamado en plena marcha, pero creo que ya no podíamos seguir aplazando esto por más tiempo», me dice Dailín como si hubiese ensayado muchas veces ese pequeño bocadillo. «Te pongo a Eli, ella te dirá de qué va la cosa». Pierdo la señal y solo oigo el rumor monótono de la rastra. Cuelgo y marco de vuelta en pocos segundos. Me contesta Eli con un saludo cariñoso y la voz algo ronca. «Hermano, iré al punto: Dailín y yo hemos decidido, por lo malo que se está poniendo esto con los negocios y los trabajos, ir subiendo como mismo hiciste tú, porque es una verdad el hecho de que, en Estados Unidos, sea como sea, hay más vida que aquí. A Dailín misma la desaprobaron en la entrevista para el trabajo en el Británico, y le dieron la plaza a un profesor español que no tenía siquiera la titulación para ejercer; ha presentado carpetas en varios lugares y donde quiera la planchan. Lo mismo me ha pasado a mí, que intentando salvar la crisis me he presentado a pruebas en varios restaurantes, y nada, me he ido en blanco. Ya tenemos cuadrado con un amigo de Dailín que vive en Nebraska, él nos va a recibir y estaremos en su casa hasta que podamos valernos por nosotras mismas y pagarnos una renta. Por el momento no te preocupes por nosotras, que tenemos asegurado el aterrizaje... No te lo habíamos querido decir para que no te preocuparas, pero hace dos días cerramos el Cuban Paradise porque ya eran demasiadas las pérdidas en todos los sentidos. Nos dolió, pero tuvimos que hacerlo. Hay un matrimonio de venezolanos que nos va a comprar todo lo de adentro en cuatro días. Tratamos de recuperar al menos esa inversión y son cerca de mil setecientos dólares que habremos salvado del esfuerzo original. Perdona que te haya soltado todo esto así de carretilla, pero no tenía otra opción, ¿qué me dices?», me pregunta Eli expectante, lanzando un merecido suspiro. «Si ustedes, con todo lo que han remado, dicen que el bote se está hundiendo, ¿quién soy yo para dudar de lo que me cuentan?», le observo pausado a Eli en lo que Indira me interroga con los ojos y yo le hago con la mano una señal de espera. «Mañana el dueño del local nos devuelve los novecientos dólares que le habíamos depositado en garantía; en tres días desocupamos la casa de Víctor Mideros y nos vamos a un hostal hasta que llegue el momento», me explica Dailín en un tono algo tropeloso, como si hubiese algo desagradable agazapado que no tiene el valor de decirme. «¿Y las cosas de dentro de la casa, qué van a hacer con ellas?», le pregunto a Dailín. «Los mismos venezolanos que nos van a comprar lo del restaurant se quedarán con todo, en cuatro días de un golpe, es decir, dos mil setecientos, pues hemos rematado lo que hay dentro en mil dólares. A eso sumemos que el dueño de casa nos va a devolver los mil ciento cuarenta que tú le diste en garantía hace ya más de dos años. Raro el caso, pero nos dio su palabra y hasta un adelanto el tal Jorge Moncayo. Todo eso importa unos cuatro mil setecientos cuarenta dólares, además tenemos en banco un poco más de dos mil, lo que significa que serían casi siete mil de nuestro lado para hacer el viaje, ¿crees que con eso alcance?», me pregunta Dailín con un aire decididamente ingenuo. «Lo que cuesta la travesía es una cifra variable, pero ese no es el único problema. El problema es que yo no les recomiendo esta odisea, porque para nosotros ha sido de veras horrible; hemos visto y pasado de todo. Un día les contaré lo que me callé en su momento para no asustarlas, la ficción se queda enana, pero de ningún modo quiero desanimarlas en la decisión que han tomado. Para todo el mundo no es igual, a lo mejor ustedes corren con mejor suerte que nosotros, tampoco todo el mundo vive exactamente lo mismo, esto tiene sus variaciones muy particulares… Lo otro es que anda una bola de que el domingo derogan la Ley y automáticamente Obama estaría cerrando la frontera para nosotros. Esa podrida nos ha hecho ponernos un motor, pero de todas formas yo les recomiendo que esperen hasta que nosotros crucemos y ahí Indira les dará todos los contactos y las instrucciones necesarias. En caso de que puedan lanzarse, todo ese paquete de coordenadas les va a ahorrar muchísimos contratiempos», le digo a Dailín *como si la resaca de todo lo sufrido se empozara en el alma*. Eli le pide el celular. Por mis preguntas y respuestas, Indira ha inferido lo que planean mi hermana y su cachorra. «Hermano, nosotras esperamos que, trabajando duro allá, en algún momento podamos devolverte al menos cinco mil, porque todo ese dinero lo reuniste tú con sacrificio y es justo que te lo regresemos», me dice Eli visiblemente envalentonada por el entusiasmo del viaje. «No hablemos de eso ahora, lo importante es que, si sigue la Ley, lo utilicen en el viaje, y si la quitaran, lo empleemos en reconstruir nuestras vidas o lo que quede ellas», le observo a Eli con autoridad de chamán. «No tengo cómo agradecerte, hermano; de hecho, te pido disculpas por haberme ido de lengua con los viejos y por los recelos que he tenido con Indira», me dice Eli con la voz algo más ronca y débil.

Falla la conexión, pero otra vez vuelve.

«No importa, hermana, yo no me detengo ya en eso», le respondo indulgente. «Mira cómo el mundo da vueltas, ahora quienes subimos por los amarillos somos nosotras», me observa Eli con una risita nerviosa. «Ahora ustedes tienen dos problemas serios; uno es cómo van a tener tupidos a nuestros padres y a la familia de Dailín, y el otro es qué van a hacer con el factor dinero, porque lo que sí no resulta aconsejable es andar con todo ese efectivo encima; se los digo por experiencia», acoto en un franco tono previsor. «Hermano, justo ayer descubrimos que Movistar vende un servicio que ellos llaman *roaming*, que te permite usar el mismo chip de aquí en cualquier parte del mundo, lo que incluye Internet ilimitado y minutos, que de haberlo sabido antes no hubieras pasado tú tanto trabajo. Eso quiere decir que nos mantendremos comunicadas con nuestra gente, y le haremos creer en todo momento que estamos aquí, en Quito. Por supuesto que yo no he dicho nada del restaurant ni mucho menos del viaje. Si ya las circunstancias obligan a abrir el juego, esperamos estar bien cerca del Yuma como para que la tortura dure poco. Ahí estaría resuelto el primer problema. El segundo es todavía más sencillo: el primo de Dailín, que es de confianza, tendrá buena parte del dinero y nos irán mandando, vía Western, lo que nosotras le pidamos. Todo eso ya está coordinado y esperamos que las cosas salgan bien. De todos modos, vamos a esperar a que ustedes crucen y a que pase el domingo, pues nosotras también estamos al tanto de esa bola que anda en Facebook», me dice entusiasta mi hermana. «Por el momento, compren todo tipo de pastillas, lo mismo analgésicos que antibióticos, repelentes para los mosquitos, linternas, capas, botas de cuero bien resistentes. No les digo que impriman mapas como hizo Indira porque van a tener, todo el tiempo, internet en sus teléfonos. Pero por si acaso, ténganlos, pues en estas andanzas lo planificado se vuelve inútil y lo que no alcanzamos a prever se nos vuelve de primera necesidad. De todas formas, hoy es viernes, no hay que esperar mucho para saber. Vamos a estar en contacto; Indira misma les va a pasar toda la información que necesiten. No las engaño, este viaje es peligro en estado puro, y yo desde ahora estoy temiendo por ustedes, pero ya que lo han acomodado todo para dar ese paso, yo estoy del lado de la solución y no del problema», le digo a Eli en tono jovial y alentador.

Saltillo, México, 31 de julio/2015

2:21 p. m

Sospechosa la cara de Betico al auscultar a doña Esther. Indira bromea con ella para despistarla. Betico la secunda con eso de buscarle un novio millonario entre los viejos cascarrabias de Hialeah, pero intuyo que pinta algo feo su cuadro. «Esos lo que están es para gastársela con guaricandiñas que pueden ser sus nietas», dice jocosa la propia doña Esther en un posible esfuerzo por sobreponerse al malestar. «Esthercita, usted lo que tiene es un catarro fuerte que no se debe empezar a tratar sin un estudio completo. No quiero asustarla con eso, pero no debemos reparar en cuidados, la cuestión es que al parecer a usted le ha hecho cierto daño el encierro del camarote», le dice Betico en lo que se quita del cuello el estetoscopio. «¡No me digas que me voy a morir sin ver a mi nieto!», suelta doña Esther con los ojos aguados. «Tranquila, Esthercita, no se me estrese con eso, que se trata de algo pasajero, pero hay que hacer lo correcto para evitar complicaciones y más en la situación en la que todos estamos. Ahora mismo si vamos a un puesto de salud, lo más probable es que la atiendan, pero luego la entreguen a Migración y no hemos nadado tanto para ahogarnos en la orilla. Le doy mi palabra de que apenas pongamos un pie en el País de los Malos, yo mismo la acompaño en todo lo que haga falta», le asegura Betico en un tono tranquilizante y ecuánime. «¿Puedo tomarme algún antibiótico?», pregunta doña Esther con voz de niña. «Por el momento vamos a resolver con un paracetamol cada ocho horas y todo el líquido que sea posible. Ya le digo, esperemos a cruzar, tiene que valorarla un especialista. Los catarros por lo general no deben tratarse con antibióticos. Ya falta poco, Esthercita, relájese y no le dé tanto cráneo a la situación, que de esta usted sale bien parada», le observa animoso Betico. «Yo tengo como tres sobres de paracetamol en mi mochila. Ahora mismo le calculo la frecuencia y le doy el primero», dice Indira en lo que Roly aprovecha la parada para fumar con Reinier y su gente. Raudel está terminando un origami en forma de cocodrilo y El Mago, tumbado sobre la hierba, chatea con alguien desde su BlackBerry de teclitas. Betico habla con el rastrero y el rastrero mueve la cabeza afirmativamente. Betico viene hacia nosotros con una sonrisa. «Esthercita, ya hablé con el chofer para que usted vaya con él y el copiloto en la cabina. No le voy a meter miedo, pero lo mejor es que usted no vaya en el camarote con nosotros; es más bien para cuidarla», dice convincente y amable Betico. «Yo hago lo que tú me digas por tal de ponerme bien rápido; mil gracias, mijo», agrega doña Esther visiblemente apagada. Walter da dos palmadas y lanza a la hierba una colilla de cigarro humeante. A doña Esther le entra un mensaje. Lo abre con el rostro iluminado. «Es mi sobrino, dice que ya está en la frontera, esperándome», añade con un entusiasmo cenital, esperanzado, pesimista, no sé...

Norte de Monterrey, México, 31 de julio/2015

5:39 p. m

El tal Matías regaña a su copiloto por no haber cogido otra goma de repuesto. «¡Yo no voy a llevarla a reparar, vas a ir tú, el vago trabaja doble, cabrón!», le grita a Walter con el acento mexica recrudecido. «¡Manda pinga!», lanza Reinier tapándose la cara con ambas manos. «Lo que nos faltaba», dice Indira cerrando la pantalla de su Samsung. Walter pregunta si hay algún hombre que lo ayude a quitar la goma y lo acompañe a la ciudad a cogerle el ponche. Todos nos miramos las caras, pero es El Mago quien da el paso al frente. «Aprovecha y compra nueve hamburguesas y nueve Colas, siete para nosotros y dos para Matías y Walter», dice Indira alargándole un billete de veinte dólares. El Mago mete la mano en la mochila, saca el cargador del celular y se lo echa en el bolsillo lateral del pantalón cuatro puertas. La gente de Reinier también le hace sus encomiendas. «Te encargo al pitufo», le dice El Mago a Betico con un énfasis casi familiar. Raudel intenta dar una perreta por tal de ir, pero El Mago lo neutraliza a tiempo. Se ha vuelto experto en infancias difíciles. «¿Qué tal si salimos todos a coger un poco de aire en lo que se soluciona este rollo?», pregunta Roly al malhumorado de Matías. «Yo no se lo aconsejo, andan los federales como sabuesos, pidiéndole papeles hasta a los gatos», acota parco el rastrero. «¿Cuánto puede tardar la operación de la goma?», pregunta Indira con cierto aire impaciente. «La llanta querrás decir...», le observa Matías con ceño fruncido de maestro rural. «Sí, eso mismo», le replica Indira. «Unas tres horas andando con suerte», le observa el desaliñado de Matías. «Y yo que tenía la ilusión de hacer el cruce hoy», lloriquea Indira como en tono de broma. «Olvida el tango mi china, que eso hay que hacerlo de día. Ya será para mañana temprano», razona Betico con un franco aire de resignación. «¡Tropa, hay que bajarse para poder quitar la goma!», vocifera El Mago desde afuera. «Bueno, de todas formas, hay que arriesgarse», observa el comefeos de Matías. Vamos saliendo del calabozo y a doña Esther le entra una llamada. Al parecer es del sobrino que la espera del otro lado. Ella responde con la voz pagada y sin dejar de toser. El Mago y Walter levantan la rueda con un gato hidráulico que han sacado de la caja de herramientas. Autos van y autos vienen. Por suerte aquí comienza el descampado y la ciudad no está muy lejos. En breve la noche alcanzará el grosor adecuado. Mi madre me escribe. «Dónde y cómo estás», textea y adjunta una carita de preocupación. Estamos en Monterrey, cerca de la frontera...

10:21 p. m.

Para un taxi y deja los intermitentes puestos. Se desmontan un hombre y el taxista. Sacan algo pesado del maletero entre los dos. Walter viene hacia nosotros haciendo rodar la goma. Trae cara de perro apaleado. Algo anda mal. «Walter, ¿dónde está El Mago?», pregunta sorprendida Indira en lo que le pasa a doña Esther una pastilla con medio vaso de agua. «Como buen mago desapareció, se esfumó, así de sencillo; caminamos duro por la ciudad hasta que al fin encontramos un taller abierto. El tal Mago me dijo: Voy a comprar unas hamburguesas y unas Colas; máximo en una hora estoy de vuelta. En un par de horas resolví lo de la llanta. Los del taller cerraron y yo me quedé afuera, como un perro echado esperando al dueño, expuesto a que algo me pasara, hasta que decidí tomar un taxi y volver, por mi madrecita que esa es la neta», dice Walter besándose la punta de los dedos en calidad de juramento. Nadie atina a decir nada. Nos hemos quedado mudos. «Estoy seguro de que mi compadre dice la verdad», añade en tono de defensa el desaliñado de Matías. Indira le hace una seña a Roly para que entretenga a Raudel. Roly se lo lleva para la cabina de la rastra y se las ingenia por allá. «Mierda, no sé ni qué pensar», dice Indira con los ojos bien abiertos y moviéndose de un lado para otro. Betico luce como alelado. «¿Será que le habrá pasado algo o que simplemente decidió desaparecer?», se pregunta Indira con aires de Sherlock Holmes. «¡Si no vuelve entre esta noche y mañana, es que ese indio es un estafador con cara de santo, es que le vivió la plata del viaje al tío del niño que vive en Hialeah para no verse en enredos al cruzar la frontera con Raudel!», vocifera Betico con una extraña indignación, con un tono demasiado personal. «No juzguen, vamos a esperar a mañana», propone doña Esther en lo que le devuelve a Indira un termómetro. «Déjame ver, Indi», le pide Betico. Indira arruga la nariz y levanta la cabeza en señal de pregunta. Betico asiente con un gesto de positividad. «¿El Mago no había comprado una línea mexicana hace unos días en una gasolinera?», pregunta Reinier con aires de Watson. «No lo creo, si mal no recuerdo, fue una tarjeta prepagada, de esas que sirven para llamar desde teléfonos públicos. A mí me pareció extraño, pero no quise pecar de indiscreta», acota Indira mirando hacia la carretera. «¿Entonces no hay un número al que se le pueda timbrar?», pregunto yo. «No, tal vez escribiéndole al Facebook...», dice Indira con el mismo aire enajenado mientras saca el celular. «Se la mandó buena el indio, ni el mismísimo Houdini», acota socarrón Reinier, ya casi con la sonrisa burlona de Ringo Starr. «¡Es un singao este Mago, porque ahora estamos muertos de hambre para colmo!», lanza Betico con cierta roña visceral. «Cuate, en lo que estos se lamentan, vamos a poner la llanta, para ver si más tarde salimos a pescar unos tacos al menos, que a mañana no llego vivo», le dice Matías al otro lobo de carretera. «Si quieren yo alumbro», se brinda Betico con el ánimo un tanto más recompuesto. Walter y Matías se miran y sueltan la carcajada. «Uff, creo que ahora sí se declaró desertor El Mago: le pasé un mensaje diciéndole lo preocupados que estamos todos, lo vio, y automáticamente me eliminó de sus amigos», dice Indira con cierto asombro incrédulo. «Tremenda mierda ese Mago, hacerle eso al niño, que tan encariñado con él estaba... La cosa es que nos tenía estudiados, él sabe que aquí nadie va a dejar botado a Raudel, y por eso se fue callado como perro con filete en el hocico. De perilla le vino lo de la goma ponchada», dice Betico en susurro, como para no alarmar a Raudel, que ahora juega en la cabina con Roly. «Tenemos que pensar cómo vamos a manejar esto con el niño, cómo lo vamos a cruzar en la frontera, y, sobre todo, saber a quién se lo vamos a entregar del otro lado, porque ni esa cabrona pista nos dejó el singao del Mago», advierte Indira con cara de ajedrecista profesional. «Tampoco va a ser tan fácil, cuando se trata de un menor, la cosa puede complicarse mucho más de lo que uno imagina. Tranquila, Indi. Roly y yo podemos hacernos cargo de esta situación. Tranquila, que ya se nos ocurrirá lo que sea más conveniente», dice en tono esperanzador Betico en lo que mira las luces de los autos que siguen de largo.

Norte de Monterrey, **México, 31 de julio**/*2015*

11:16 p. m.

(Roly)

Pipo, a ver, necesito que entiendas esto: El Mago tuvo que resolver un problema en un pueblo que ya dejamos atrás, pero nos alcanzará cuando lleguemos a Estados Unidos...

(Raudel)

¿Y por qué no vino a despedirse de mí?

(Roly)

Porque como ya te dije, tuvo que irse de un momento a otro, y no le dio tiempo, pero, además, cuando uno se va a volver a encontrar con alguien, no se despide. Eso es lo que pasa...

(Raudel)

¿Tú sabes hacer origamis?

(Roly)

No sé, pero aprendo. Tú me enseñas...

(Raudel)

Yo no sé hacer muchos; nada más jirafas, cocodrilos y elefantes...

(Roly)

No importa, sabes más que yo, que no sé hacer ninguno. Mira, necesito ahora que me atiendas bien porque tú eres un niño muy inteligente: nosotros, todos los del grupo, vamos a cruzar a Estados Unidos que, cómo tú sabes, es otro país, y cuando uno va a entrar a un país por tierra, pasas por un lugar donde te hacen muchas preguntas. Como El Mago no va a estar con nosotros, te dejó dicho que tienes que hacernos caso en todo lo que te pidamos que hagas, y ese es el punto. Cuando tú vayas a cruzar, tienes que cruzar como si fueras hijo mío y yo, tu verdadero papá. Dime ahora tu nombre completo.

(Raudel)

Raudel Francisco Eguren Carballosa...

(Roly)

Perfecto, ahora tu nuevo nombre va a ser: Raudel Francisco Gómez Carballosa, fíjate que solo es cambiar el Eguren por el Gómez. A ver, hazte de cuenta que es un juego y repítemelo.

(Raudel)

Raudel Francisco Gómez Carballosa...

(Roly)

¡Eso es, muy bien! Si te preguntan que desde dónde tú vienes conmigo, tienes que decir que desde Ecuador, y que tu mami estuvo de acuerdo en que hicieras el viaje conmigo. Si te preguntan por tu tarjeta de menor, di que nos la robaron en Colombia. Trata de hacer memoria con todo esto. De todas formas, vamos a ensayar todo esto mañana, antes del cruce, pero acuérdate de que yo soy tu papá, y muy importante: responde solamente lo que te pregunten, ni una palabra de más. Yo sé por qué te lo digo. ¿Me entiendes bien?

(Raudel)

Sí, papi Roly...

(Roly)

¡Viste, ya le estás cogiendo la vuelta! Eres un campeón de grandes ligas... ¿A ti te gustan los carritos de control remoto?

(Raudel)

¡Me encantan!

(Roly)

Si haces perfecto esto que te pido, te compro uno cuando ya estemos en Estados Unidos...

Norte de Monterrey, México, 1 de agosto/2015

5:47 a. m.

«Me acaba de escribir Zoe para decirme que ya no puede recibirnos en su casa», me suelta Indira a bocajarro. «¿Cómo?», le pregunto sorprendido. «Dice que el dueño le ha pedido desocupar la renta, y que además acaba de quedarse sin trabajo el marido, que es el que sostiene la casa». «¡Tronco de casualidad!», le observo yo visiblemente contrariado. Indira se esfuerza por parecer sincera, pero algo me huele a historia mal contada. Indira tiene la voz hecha trizas. ¿Existirá de veras la tal Zoe o se trata de una artimaña tramada por Indira con tal de darme cierto margen de seguridad, incluso antes de salir de Quito? No lo sé. En todo caso prefiero tragarme el posible embuste antes de armar una trifulca ya en la recta final. Falta poco, el Yuma se ve al otro lado del horizonte. ¿Qué sería de nosotros si hiciéramos un viaje pericial al fondo de cada mentira, al motivo recóndito de cada manipulación consciente? Mejor a veces hacerse el tonto que pagar el precio real de la amargura. «Pero tenemos otra opción: podemos ir para la casa de Betico en Austin, que desde antes me la había ofrecido y ahora acaba de decirme que nada de andar rodando, que podemos estar con ellos hasta que logremos independizarnos», lanza Indira con una determinación temblorosa que ya le he visto antes. «¿Qué te parece?», me pregunta con la caricatura de una sonrisa. «¿Tengo otra opción?», arrojo yo en tono sedicioso. «La ventaja de todo esto es que Austin está tan cerca de la frontera que hoy mismo podemos darnos un baño capital, comer, dormir a pierna suelta», me observa Indira sabiéndose armada de una razón contundente. «Okey, como quiera que sea ya lo peor ha pasado; no nos desgastemos en pequeñeces», le digo a Indira con mis ojos fijos en los suyos. Ella me toca la cara y me acaricia el herpes del pómulo con el pulgar. «¿Tú sabes cuánto te amo?», me pregunta con cierto aire de vulnerabilidad desafiante. «Me basta con vivirlo, saber está hecho de demasiadas fisuras, de demasiadas decepciones», le digo como si fuese yo el de las riendas en todos los órdenes. «¡Subiendo, señores, que nos vamos, y es directo a la frontera!», vocifera Walter con un par de palmadas en lo que se ajusta la gorra hasta el entrecejo. Ojalá y sea la última vez que entremos al calabozo rodante. Me siento deplorablemente sucio, preso en un medioevo donde habría que inventar la electricidad para mover la máquina del tiempo. Ya falta poco, menos, casi nada.

Cercanías de Nuevo Laredo, México, 1 de agosto/2015

8:19 a. m.

Abro WhatsApp y tengo varios mensajes de mi hermana y mi madre. Por suerte evoluciona bien mi viejo. «¿Cómo estás?», es la pregunta que respondo hacia ambos lados. A las dos les digo que bien y que espero llamarlas a más tardar esta noche desde Texas. Llueven caritas felices, manitos con pulgares arriba y corazones de la más rocambolesca cursilería. Me despido de ellas y cierro WhatsApp todavía incrédulo. Anoche, pese a la picazón y los malos olores, soñé que me casaba con la hija de un pescador en Necoclí; era una indígena analfabeta y sin embargo se sabía de memoria *Los detectives salvajes*.

«¡Nuevo Laredo, señores, lo que queda es nada, ya huelen al Gabacho!», grita Walter con aire de charro en lo que detiene un instante la rastra. Otros vehículos se han detenido. Supongo sea un semáforo.

Puente Internacional 1, frontera México-Estados Unidos, 1 de agosto/2015

9:41 a. m.

En lo que avanzamos unos tras otros bajo el techo abovedado, la gente de Reinier no para de hacerse videos y *selfies*. No soporto su algarabía de carnaval, pero solo reparo en esto: ya falta poco, menos, casi nada. «El Norte revuelto y brutal», dice uno de ellos ensimismado mientras contempla el manso fluir del río Bravo al otro lado de la malla. Reconozco la marca de origen de la frase y sonrío. Betico va delante con doña Esther, que ahora tose mucho y luce más demacrada y débil que hace unas horas. Roly va detrás de ellos, con Raudel de la mano, que no deja de preguntar por El Mago o por qué el Yuma se llama el Yuma. Le sigue Indira, mi Lou Andreas, llevándome sabe Dios hacia qué destino. «Todavía, con todo lo que hemos pasado, me parece mentira», me dice en lo que rompe a llorar. Abre el celular y lee un mensaje sin aminorar el paso. «Lisbeth, el novio y Pablo están ahora mismo en Ciudad Hidalgo, en el Real del Sur, esperando una rastra que sale para acá esta tarde», dice Indira en voz alta, como para que la oigamos todos. Ahora se seca las lágrimas y abre su billetera. Besa las fotos de Víctor y Coralia. Desde los autos que desfilan a paso fúnebre por el lateral izquierdo, conductores y pasajeros nos miran como a parias errantes. Tal vez eso seamos después de todo. Yo reparo de forma fugaz en la arquitectura del puente, en el aspecto de pantano navegable que tiene el río, en el corredor a mi izquierda, casi idéntico a este, por donde también circula gente a pie, pero en sentido contrario.

De las vigas centrales que atraviesan el techo del corredor, cuelgan varias pantallas. A medida que les invento la dimensión, el grosor y la nitidez, disparan unas imágenes que duran apenas unos pocos segundos. Son muchas y enrevesadas, pero intento, a pesar de ello, descifrar su maraña, su caos dulcemente ofrecido. Veo entonces carreteras, playas, terminales, letreros de hoteluchos y buses, veo el ataúd de Javier entrando a una cripta en el cementerio de Necoclí, la avioneta de Puerto Obaldía, cruzando el límite espumoso entre la tierra y el mar, *La Gran ola de Kanagawa* colgada en el consultorio del Dr. Hitoshi, los ojos fulgurantes de La Tigra fijos en el retrovisor interno de su camioneta, veo a la propia Indira desnuda sobre mí, jadeando una y otra vez: «Vendrás conmigo, vendrás conmigo», como en una especie de verso nerudiano imperfecto. De pronto, varias pantallas a lo largo proyectan una misma imagen: la subida escabrosa de la loma asesina que hay entre Sapzurro y La Miel. Los rápidos de agua perforan los vidrios y se derraman sobre el piso rústico de concreto. A medida que avanzo, veo decenas de rostros, y a pesar de la velocidad demencial, logro distinguir las caras de Máximo Infante, de Karina y Luis Alberto, de Ángel Iglesias y el bisnieto de Darío, de Lisbeth y Pablo, del sargento Hinojosa y algunos de sus hombres, del Buitre y el Drilo, en fin, caras que son abejas en su panal, formando algo movedizo y deforme, lo más parecido a un rostro. Ahora las pantallas desaparecen y veo despejado el arco del techo cóncavo. ¿Existieron alguna vez las grandes pantallas de plasma, o solo se trata de una conspiración de mi maltratado inconsciente? No lo sé, solo sigo el paso del resto y veo ahora lo que todos ven: lo que parece un centro comercial o una especie de Duty Free, el saliente de una torre con cabeza de mezquita, un giro del corredor a la derecha, señales en rojo y blanco con la palabra STOP arriba y ALTO debajo, el control migratorio para autos, luego un giro a la izquierda, y al otro lado de la malla, un edificio de muchos arcos con aire florentino, hasta que al fondo veo unos escalones pintados de amarillo. Diez pasos y terminará el corredor techado. Más allá hay una penumbra y una cola que entra en ella. Unos hacen llamadas, fuman, gesticulan con manoteos de barrio que conozco demasiado bien; otros, pasaporte en mano, callan y esperan. Lucen cansados y sucios. Tal vez han visto en este mismo corredor la película de su travesía en sus propias pantallas mentales.

Betico, doña Esther, Roly y Raudel se han detenido hasta entroncar con el resto. Se ven extenuados, con ganas de que esto acabe de una bendita vez. Indira también se detiene y ahora se da la vuelta hacia mí, con una sonrisa marchita, inexplicable para la naturaleza del momento. Tiene el pelo casposo y opaco. «Abrázame, que lo necesito», me dice casi en susurro. Yo la abrazo y cierro los ojos por algunos segundos. Nuestros olores repulsivos se mezclan en un mismo vaho sudoroso. ¿A quién abrazo realmente, a Indira, o a mi sueño de Indira? Tal vez no convenga saberlo.

Abro los ojos.

La cola ha empezado a moverse.

Veamos si todo lo que dicen de este trance es cierto.

Índice

Terminal de Carcelén, norte de Quito, 14 de junio/2015.................9

Tulcán, casi frontera Ecuador-Colombia, 15 de jnio/2015..............11

Carretera Ipiales-Pasto, Colombia, 15 de junio/2015.....................14

Universidad de las Américas, Quito, 13 de febrero/2015...............16

Restaurant Don David, Quito, 13 de febrero/2015........................21

Cercanías de Pasto, sur de Colombia, 15 de junio/2015................27

Pasto, sur de Colombia, 15 de junio/2015..30

Pasto, sur de Colombia, 15 de junio/2015..32

Plaza Foch, Quito, 13 de febrero/2015...37

Pasto, sur de Colombia, 16 de junio/2015.......................................46

Cercanías de Popayán, Colombia, 16 de junio/2015.....................47

Estación Interprovincial de Popayán, Colombia,
17 de junio/2015..50

Cercanías de Medellín, Colombia, 18 de junio/2015.....................52

Hotel Metrópolis, Medellín, Colombia,19 de junio/2015...............54

(Barra del Chelsea)...56

Hotel Metrópolis, Medellín, Colombia, 20 de junio/2015.............68

Apartadó, noroeste de Colombia, 23 de junio/2015......................71

(Barra del Chelsea)...77

Hostal Urabá, Turbo, noroeste de Colombia,
26 de junio/2015 89

Necoclí, noroeste de Colombia, 27 de junio/2015 91

Hotel Las Palmas, Necoclí, Colombia, 27 de junio/2015 93

(Barra del Chelsea) 95

Cementerio de Necoclí, Colombia, 29 de junio/2015 102

Golfo de Urabá, noroeste de Colombia, 29 de junio/2015 104

Sapzurro-La Miel, frontera Colombia-Panamá,
30 de junio/2015 105

Playa La Miel, nororiente de Panamá, 2 de julio/2015 110

Puerto Obaldía-Ciudad Panamá, 8 de julio/2015 115

Hotel Betania, Ciudad Panamá, 9 de julio/2015 117

Dental Service, Ciudad Panamá, 10 de julio/2015 119

Sucursal Western Union, Ciudad Panamá,
12 de julio/2015 123

Villa Rosario, suroeste de Panamá, 12 de julio/2015 124

San Félix, suroeste de Panamá, 13 de julio/2015 125

Chiriquí, suroeste de Panamá, 13 de julio/2015 128

Paso Canoas, límite Panamá-Costa Rica, 13 de julio/2015 130

Lobby Hostal Paraíso, San José, Costa Rica, 16 de julio/2015 131

Autopista General Cañas, Alajuela, Costa Rica,
18 de julio/2015 134

Solórzano y Valdivieso, norte de Quito, 27 de febrero/2015 136

Víctor Mideros y Algarrobos, norte de Quito,
24 de febrero/2015 138

Monumento Mitad del Mundo, Quito, 3 de marzo/2015 139

Teleférico de Quito, 9 de marzo/2015 140

Motel Lúmini, norte de Quito, 12 de marzo/2015 141

Solórzano y Valdivieso, norte de Quito, 9 de marzo/2015 143

Parque Kennedy, norte de Quito, 15 de marzo/2015 144

17 de marzo de 2015-17 de marzo de 1980 146

Friends Club, Puntarenas, Costa Rica, 20 de julio/2015 147

Peñas Blancas, límite Costa Rica-Nicaragua,
21 de julio/2015 153

Hospedaje Bosques de Bolonia, Managua, Nicaragua,
22 de julio/2015 154

Hospedaje Bosques de Bolonia, Managua, Nicaragua,
23 de julio/2015 156

Cuban Paradise, norte de Quito, 28 de marzo/2015 159

Víctor Mideros y Algarrobos, norte de Quito,
2 de abril/2015 160

Víctor Mideros y Algarrobos, norte de Quito, 3 de abril/2015 161

Parque La Carolina, norte de Quito, 5 de abril/2015 162

Mercado La Ofelia, norte de Quito, 9 de abril/2015 163

Correos del Ecuador, norte de Quito, 15 de mayo/2015 164

Afueras del Bosques de Bolonia, Managua, Nicaragua,
23 de julio/2015 166

Hospital San Felipe, Tegucigalpa, Honduras,
25 de julio/2015 169

Hotel Apolo, Tegucigalpa, Honduras, 26 de julio/2015 171

San Lorenzo, suroeste de Honduras, 26 de julio/2015..................173

Santa Rosa de Lima, nororiente de El Salvador,
26 de julio/2015..174

San Miguel, sureste de El Salvador, 26 de julio/2015..................175

Hotel Villa Serena, San Salvador, El Salvador,
27 de julio/2015..176

Santa Ana, noroeste de El Salvador, 27 de julio/2015..................177

Jutiapa, sureste de Guatemala, 27 de julio/2015.........................178

Gasolinera La Recta, Monjas, sureste de Guatemala,
27 de julio/2015..179

Plaza Vivar, Ciudad Guatemala, 27 de julio/2015......................180

Hostal Kuba Livre, Ciudad Guatemala, 27 de julio/2015............182

Restaurante La Casita, Quezaltenango, Guatemala,
28 de julio/2015..184

Río Suchiate, frontera Guatemala-México,
28 de julio/2015 186

Restaurante Lupita, Ciudad Hidalgo, México,
28 de julio/2015..187

Hotel Real del Sur, Ciudad Hidalgo, México,
28 de julio/2015..189

Hotel Real del Sur, Ciudad Hidalgo, México,
29 de julio/2015..192

Hotel Real del Sur, Ciudad Hidalgo, México,
30 de julio/2015..193

Hotel Real del Sur, Ciudad Hidalgo, México,
30 de julio/2015..195

¿...?, México, 30 de julio/2015 197

¿...?, México, 30 de julio/2015 199

¿...?, México, 30 de julio/2015 200

¿...?, México, 31 de julio/2015 201

Tlalpan, D. F., México, 31 de julio/2015 202

Coyoacán, D. F., México, 31 de julio/2015 203

Santiago de Querétaro, México, 31 de julio/2015 206

San Luis Potosí, México, 31 de julio/2015 208

Saltillo, México, 31 de julio/2015 212

Norte de Monterrey, México, 31 de julio/2015 214

Norte de Monterrey, México, 31 de julio/2015 218

Norte de Monterrey, México, 1 de agosto/2015 220

Cercanías de Nuevo Laredo, México, 1 de agosto/2015 222

Puente Internacional 1, frontera México-Estados Unidos,
1 de agosto/2015 223

Made in the USA
Columbia, SC
02 November 2022